西北大学学术著作出版基金资助出版

领导风格

对公务员创新行为的作用机制研究

唐　健———— 著

中国社会科学出版社

图书在版编目（CIP）数据

领导风格对公务员创新行为的作用机制研究／唐健著.
—北京：中国社会科学出版社，2023.6
ISBN 978 – 7 – 5227 – 1808 – 8

Ⅰ.①领…　Ⅱ.①唐…　Ⅲ.①公务员—行为分析—中国
Ⅳ.①D630.3

中国国家版本馆 CIP 数据核字（2023）第 069528 号

出 版 人	赵剑英
责任编辑	孔继萍
责任校对	刘　娟
责任印制	郝美娜

出　　　版	中国社会科学出版社
社　　　址	北京鼓楼西大街甲 158 号
邮　　　编	100720
网　　　址	http://www.csspw.cn
发 行 部	010 – 84083685
门 市 部	010 – 84029450
经　　　销	新华书店及其他书店

印　　　刷	北京君升印刷有限公司
装　　　订	廊坊市广阳区广增装订厂
版　　　次	2023 年 6 月第 1 版
印　　　次	2023 年 6 月第 1 次印刷

开　　　本	710×1000　1/16
印　　　张	16.25
插　　　页	2
字　　　数	210 千字
定　　　价	98.00 元

前　言

　　创新是引领发展的第一动力。2015 年 10 月，党的十八届五中全会首次提出了"创新、协调、绿色、开放、共享"的五大发展理念，并将创新放在了首要位置，指明了未来发展的重要方向。坚持创新促发展，是新时代新发展理念下的必然选择，是新形势新挑战环境下的必要举措。公务员是中国特色社会主义事业的建设者，是广大人民的公仆，公务员的创新行为表现如何，直接关系到政府组织的行政效能。关注广大公务员群体的创新行为，激发公务员队伍的创新热情，是建设创新型国家、服务型政府的重要抓手。

　　一直以来，领导问题也是学界长期关注的热门话题之一。对于政府组织而言，领导者的领导风格不仅直接影响政府组织发展大政方针的规划制定，也会影响其下属的行为表现。已有诸多研究表明，变革型领导、交易型领导、创新型领导等领导风格与员工创新行为表现出了显著的相关性。但现有研究主要关注私营部门管理者的领导风格以及员工的创新行为，公共组织的员工创新行为缺乏应有的关注。

　　基于此，本书以"领导风格如何影响公务员创新行为"为研究主题，综合采用文献研究法、问卷调查法和访谈法，系统梳理员工创新行为、服务型领导、家长式领导、公共服务动机、心理授权、差错管理氛围以及发展型文化等主要变量的研究概貌，调查了解我国公务员在服务型领导、家长式领导以及员工创新行为等方面的感知情况，深入探究中国政府组织情境下领导风格对公务员创新行为的作用机制，并结合实证检验结果为改进政府组织的管理水平和激发公务员队伍的创新行为提供政策建议。

本书从理论层面有效整合了领导风格与公务员创新行为的相关研究成果，深入探讨了领导风格对公务员创新行为的作用机制，丰富完善了领导风格影响公务员创新行为的边界条件。在实践层面，从政府组织的领导者高度重视自身的领导风格，关注公共服务动机的考察与使用，以及营造良好的差错管理氛围等方面提出了对策建议。

本书既可以为关注领导风格和员工创新行为的学者提供一定的借鉴，也可为政府组织的管理者了解公务员创新行为的基本表现和激发公务员队伍担当作为、勇于创新提供参考。

目　录

图表目录

第 一 章

绪 论

第一节 研究背景

一 现实背景

党的十八大以来，党和国家事业的发展取得了历史性的成就。经济结构不断优化，国家治理体系和治理能力现代化水平不断改进，城乡发展协调性显著提升，生态文明建设取得明显成效，人民获得感不断增强。但是必须看到当前我国经济社会发展还面临着诸多问题，如发展不平衡、政府职能转变不到位，干部服务意识和法治意识不强、担当精神不够等。"苟利于民，不必法古；苟周于是，不必循旧。"创新是引领发展的第一动力。当前，我国正处于前所未有的新的历史方位，为了决胜全面建成小康社会，奋力夺取新时代中国特色社会主义伟大胜利，广大公务员必须坚持党的领导，坚持创新发展理念，敢于担当，勇于创新，从而持续开创党和国家事业发展的新局面。

（一）坚持创新是新时代新发展理念背景下的必然选择

当前时代，国内外形势正在发生深刻变化，环境的复杂性和不确定性不断增强。从国际形势来看，经济全球化程度深入发展，国家之间的依存关系不断深化，传统发达国家的势力受到削弱，以金砖国家、G20等为代表的新兴合作组织不断崭露头角。从国内形势来看，我国经济发展已经进入了新常态。经济发展不能延续传统的速度导向，而要追求高质量发展，积极调整优化经济结构。面对新形势，迫切需要新的发展理念，开辟新的发展道路，从而迎接新的挑战。2015年10月，党的十八届五中全会首次提出了"创新、协调、绿色、开放、共享"的五大发展理念，并将创新放在了首要位置，指明了未来发展的重要方向。坚持创新促发展，是新时代新发展理念下的必然选择，是新形势新挑战环境下的必要举措。

（二）坚持创新是提升社会治理能力的客观需要

改革开放以来，在党和政府的大力支持下，各级地方政府勇于探索，积极创新，对于应对地方政府面临的实际问题、提升政府治理绩效发挥了重要作用。俞可平（2011）认为，近年来，我国政府创新取得了显著成就，但是政府治理体系仍不完善；政府创新能力尚显不足；政府治理技术有待改进。党的十八大以来，以习近平同志为核心的党中央大力谋划创新、积极推动创新。他多次强调，要始终把改革创新精神贯彻到治国理政各个环节，"把理论创新、制度创新、科技创新、文化创新以及其他各方面创新有机衔接起来"[1]，指明了创新工作的内容和方向。习近平总书记强调，要"推动社会治理重心向基层下移"。[2] 基层公务员是我国公务员队伍的重要组成部分，基层公务员队伍的创新意识和创新能力与基层政府的行政效率密切相关。激发基层公务员队伍的创新动机，鼓励广大公务员积极参与技术创新、流程创新等各类创新，对于改进基层政府的服务效能，推进基层治理现代化大有裨益。

---

① 中共中央宣传部编：《习近平新时代中国特色社会主义思想学习问答》，学习出版社、人民出版社2021年版，第151页。

② 中共中央宣传部编：《习近平新时代中国特色社会主义思想学习问答》，学习出版社、人民出版社2021年版，第347页。

（三）坚持创新是广大公务员队伍担当作为的重要体现

2018年5月，中共中央办公厅印发了《关于进一步激励广大干部新时代新担当新作为的意见》。文件指出，要大力宣传改革创新、干事创业的先进典型，激励广大干部见贤思齐、奋发有为，撸起袖子加油干，凝聚形成创新创业的强大合力；要建立健全容错纠错机制，树立鼓励和引导广大干部干事创业、改革创新的良好用人导向。这对于激发广大干部队伍的干事热情，提高他们的创新动力，具有重要的指引作用和激励作用。决胜全面建成小康社会任重而道远，这些宏伟目标的顺利实现不仅需要党中央的高屋建瓴、科学谋划，更与广大公务员队伍的改革创新、干事创业、担当作为是密不可分的。为了更好地满足人民群众对于美好生活需要的追求，推动科学发展、平衡发展和协调发展，广大公务员队伍必须始终坚持以人民为中心的发展思想，积极改进工作方式，持续优化工作流程，在实际工作中发挥聪明才智，锐意攻坚克难，从而更好地忠于职守，担当奉献。

二　理论背景

（一）领导风格研究如火如荼

领导者对于组织发展与成长的重要意义是不言而喻的。对于一个国家而言，领导者的个人风格及领导决策不仅影响国家的发展前进方向，也关乎广大群众的生活福祉。对于一个企业而言，其领导者的个人风格及其决策既会影响企业发展战略的制定，也会影响其产品、服务水平和核心竞争力。可见，领导是关乎组织生存与发展的一个重要影响因素。一直以来，领导问题也是学界长期关注的热门话题之一。现代领导理论研究可以追溯到19世纪末的工业革命。在19世纪末到20世纪40年代中期，人们相信领导者是天生的，在领导者身上天生就具有某些特殊的才能，这一时期也称之为领导特质时期。但是这一论断在随后并没有得到有效的证实，甚至还出现了截然相反的结论。所以，到了20世纪40年代中期，人们对于领导的研究开始由特征导向转向了行为导向，也就是探讨一个有效的领导者应该具备哪些行为，代表性的研究成果包括俄亥俄州立大学的研究、密歇根大学的相关研究成果等，主要是从任务导向以及关系导向两个方面来研究领导者的行为。由于领导行为理论的研究仍然局限于关注领导者本身，而忽略了外部环境的影响，所以其解释力仍然有限。到了20世纪六七十年代，学者们则进一步拓宽了研究视野，注重将领导者所处的外部环境考虑进来，于是产生了领导权变理论，如费德勒的领导权变模型、路径—目标理论、领导情境理论，等等。

近年来，领导理论的研究逐步深化，研究的视角更加聚焦，特别是在领导风格方面，提出和发展了许多新的领导风格和概念，进一步丰富了领导理论的内涵，代表性的研究成果包括魅力型领导理论、变革型领导理论、交易型领导理论、服务型领导理论、伦理型领导理论、精神型领导理论以及诚信型领导理论等等。除了这些西方学者提出的领导理论概念以外，基于中西方文化传统的巨大差异，华人学者对于领导理论的发展也做出了重要贡献，以台湾学者郑伯埙为代表，他在对华人企业进行实证研究的基础上，提出了家长式领导这一概念，对于解释东方文化背景下的领导风格及行为又提供了新的研究视角。但是，Wart（2003）指出，到了20世纪80年代，虽然领导理论的相关研究蔚然成风，但公共部门的领导理论研究却没有进入主流，他总结了三个方面的原因：一是出于公共部门的高工具化倾向，公共部门的领导力可能并不存在；二是管理机构主要是受权力支配，超出了领导者的控制范围，所以显得公共部门的领导力研究意义不大；三是公共部门领域的研究话题甚多，学者们的研究视阈可能更多地关注其他方面，所以在公共部门领导力这一方面的研究着墨较少。① 总而言之，领导理论研究的如火如荼，既是提升管理实践水平的客观需要，也是丰富和完善现有管理学理论体系的重要契机。

（二）领导风格与员工创新行为之间的作用机制有待深入挖掘

无论是在公共部门还是在私营部门，创新都已成为管理者关注的一个热门话题。在当前日趋激烈的竞争环境中，员工创新行为对于组织的生存与发展十分关键。员工创新行为是一个动态的和复杂的行为表现，会受到多种因素的影响，领导风格就是其中的一个重要影响因素。Borins（2002）认为，创新包括三种理想的类型，即自下而上式创新、基于危机应对的政治导向式创新和部门首脑主导的组织变革，并分析了不同创新模式下有效的领导风格应该是怎样的。Khan、Aslam 和 Riaz（2012）以银行管理者为调查对象，探究了变革型领导、交易型领导和放任式领导对于员工创新行为的影响，研究表明，变革型领导和交易型领导与员工创新行为正相关，而放任式领导与员工创新行为负相关。冯彩玲（2017）基于多重连接领导理论，通过上下级一比多配对取样，探讨了差异化变革型领导对员工创新行为的作用机制，结果发现，组织一致性变革型领导正向影响员工创新行为，个体差异性变革型领导负向影响员工创新行为。黄秋风和唐宁玉（2016）运用元分析技术，分析了变革型领导与交易型领导对员工创新行为的作用差异，结果发现变革型领导对员工创新行为有显著的正向影响，交易型领导对员工创新行为也是正向影响，但存在国别差异，也就是在中国情境下是正向作用，在西方情境下却没有作用。

结合以上相关研究，我们可以发现虽然现有的关于领导风格与

---

① Wart M. V., "Public-Sector Leadership Theory: An Assessment", *Public Administration Review*, Vol. 63, No. 2, 2003.

员工创新行为之间关系的研究已比较丰富,但是还存在着一些可供继续挖掘之处。一是近年来,领导风格的研究如火如荼,各种新概念新模式层出不穷,现有研究更多是聚焦于探讨变革型领导、交易型领导、精神型领导与员工创新行为之间的相互关系,对于家长式领导、服务型领导这些独具东方特色的领导风格与员工创新行为之间的关系缺乏深入的讨论。二是现有的研究大多数关注领导风格与员工创新行为之间的直接影响关系,虽然有些学者已经着眼于探究领导风格对于员工创新行为的具体影响机制,但是研究的视角有待进一步深入,比如说是否考虑到了员工的动机因素,是否在研究设计中体现出了不同部门性质之间的差异,等等。因此,基于中国政府组织的具体情景,深入探讨服务型领导、家长式领导与公务员创新行为之间的相互关系及其影响机制,是丰富当前的领导理论研究与员工创新行为研究的一个重要的着眼点。

第二节 研究意义

创新是一个民族进步的灵魂,是一个国家兴旺发达的不竭动力。政府组织的员工创新行为事关政府服务效能高低,事关社会经济发展目标能否顺利达成。领导风格是影响公务员创新行为的一个重要因素。深入研究领导风格与员工创新行为之间的相互关系及作用机制,对于丰富领导理论和员工创新行为的现有研究以及改进政府组织的管理实践,具有重要的理论意义和实践意义。

一 理论意义

本书立足中国政府组织的具体情境,深入探究服务型领导、家长式领导与公务员创新行为的相互关系,并且通过引入公共服务动机、心理授权、差错管理氛围以及发展型文化等中介变量和调节变量，力求揭示领导风格对公务员创新行为的作用机制与边界条件，其理论意义主要表现在以下三个方面。

（一）检验和发展中国情境下的领导风格理论

领导风格理论的相关研究一直是组织管理领域中长盛不衰的热门话题之一。近年来，我国管理学界也比较注重领导风格的相关研究，并取得了十分丰硕的成果，主要表现在两个方面。一是借鉴吸收西方国家的研究成果，在中国情境下进行发展和检验，比如变革型领导、交易型领导等研究热点就是源自西方国家的舶来品，受到了国内学者的广泛关注；二是基于东方文化传统，建立和发展体现东方文化特色的领导风格理论，比如说台湾学者郑伯埙提出的家长式领导理论就是一个突出的代表，显示出华人学者对于构建本土管理学概念和理论的不懈探索。然而，纵观学者们的现有研究发现，服务型领导、家长式领导等领导风格的相关研究仍聚焦于企业组织，公共部门的领导风格理论研究尚缺乏足够的关注。基于此，本书选择服务型领导和家长式领导这两个富有特色的代表性领导风格，通过对中国的公务员进行问卷调查，探索它们在中国政府组织情境中的信效度及解释力，从而丰富领导理论的现有研究视阈。

（二）深入探讨领导风格对于公务员创新行为的作用机制

领导风格与员工创新行为之间的相互关系近年来吸引了大量学者的关注，已有研究主要探讨了变革型领导、交易型领导、精神型领导、知识型领导、包容型领导、谦卑型领导、授权型领导、仁慈领导等领导风格对员工创新行为或者创造力的影响（Choi et al.，2015；Dhar，2016；马茹菲，2016；黄秋风、唐宁玉，2016；盛玉华等，2017；方阳春、陈超颖，2017；沈伊默等，2017；王艳子、罗瑾琏，2017）。然而，通过对文献进行梳理发现，现有的领导风格与员工创新行为的研究主要聚焦于企业组织，公共部门鲜有涉及，而且服务型领导和家长式领导这些与我国文化背景比较契合的领导风格也没有引起学者的必要关注。有鉴于此，本书期望通过对国内的公务员开展问卷调查，来了解服务型领导和家长式领导这两种领导风格与公务员创新行为之间的相互关系，并通过公共服务动机、心理授权以及发展型文化等中介调节变量的引入，力求深入地探讨领导风格对于公务员创新行为的作用机制与边界条件，进一步丰富现有的理论研究成果。

（三）比较服务型领导和家长式领导对公务员创新行为的作用差异

家长式领导与服务型领导是两个差异比较大的领导风格。首先，从概念的源起来看，服务型领导是格林里夫（Greenleaf）在 20 世纪70 年代基于西方文化背景提出的一个领导风格构念，而家长式领导是以郑伯埙为代表的学者在 20 世纪八九十年代立足华人文化背景所提出的一个领导风格构念。其次，从构成维度来看，服务型领导包含了情绪治愈、授权、帮助下属成长、创造社区价值和下属优先等多个维度，但学界一般将其视之为一个一元变量来开展研究；而家长式领导则是一个三元变量，具体包括仁慈领导、德行领导和威权领导三个子维度，且这三个维度之间的内涵差异比较大，学界往往将其进行拆分，对各个子维度进行分别式的讨论。此外，从内涵特点来看，服务型领导强调下属优先，领导者优先考虑下属的需要和发展；而家长式领导既有仁慈领导和德行领导关爱下属、率先垂范的一面，也有强调控制、敬畏服从的一面。由此可见，服务型领导和家长式领导是在产生、构成和内涵等多方面存在诸多差异的两种不同的领导风格类型，将其对公务员创新行为的作用机制进行比较研究，对于拓展领导风格和员工创新行为的研究视阈无疑具有重要的理论价值。

二 实践意义

本书期望在进行实证研究的基础上，通过假设和验证服务型领导与家长式领导对公务员创新行为的作用机制，为激发公务员的创新行为，进而提高政府组织的服务效能提供可资借鉴的意见和建议。本书的实践意义主要表现在以下三个方面。

（一）政府组织的领导者有必要适时转变自身的工作作风，从而有效激发下属的创新行为

领导风格对于员工创新行为的影响已经得到大量研究的证实。已有研究发现变革型领导、交易型领导、服务型领导、包容型领导、精神型领导、伦理型领导等领导风格对员工创新行为有正向影响，放任式领导、威权式领导、辱虐式领导等领导风格对员工创新行为有负向影响。有鉴于此，政府组织的领导者应科学地认识自身的领导行为，明确自身的领导行为表现，从而有效地激发下属的创新行为。一方面，在日常工作中，要率先垂范，做好表率，德行正直，恪守伦理，赢得下属的尊重和认同；要关心下属的发展和成长，通过愿景激励、目标激励等方式，激发下属的成就动机，提升下属的自我效能感；另一方面，领导者也应及时地调整自身的办事风格，不要独断专权、贬抑下属、严密控制，也不能放任自流，从而让员工积极主动谋划创新、参与创新。

（二）政府组织的领导者应重视下属工作动机的考察和使用，提高公务员参与创新的积极性和主动性

动机问题是公共管理三大前沿主题之一（Behn，1995）。员工创新行为是一种属于员工工作任务之外的自发行为，与员工本人的内在动机水平表现出极大的相关性。政府组织的领导者必须重视下属工作动机的考察和使用，通过提升下属的内在动机，提高下属的创新动力。一方面，可以将动机的考察与招募、晋升等人力资源管

理实践结合起来，比如说可以选择将公共服务动机水平较高的候选者纳入公务员队伍；另一方面，政府组织的领导者需要有意识地提升下属的工作动机水平，比如说在政策制定的过程中，充分考虑下属的参与需求，提高公共政策制定的吸引力。此外，政府组织的领导者还应重视有效授权。通过授权让下属感受到工作的意义，打破繁文缛节的限制，提高下属工作的自由度；同时还应建立健全培训和开发机制，提升下属的胜任能力，给下属提供创新性、挑战性的工作机会，并通过这种实际工作任务的达成提升自我效能感，从而使下属更加积极主动地、大胆地投身创新实践。

（三）政府组织应营造良好的发展型组织文化，建立容错机制，激励公务员队伍敢于创新、善于创新

创新的过程不是一蹴而就的，也不是一帆风顺的，难免遇到挫折。研究发现，领导风格对于员工创新行为的影响有其潜在的作用机制。比如说，心理授权、组织支持感、差错管理文化、价值观匹配、职业承诺、组织创新气氛、领导—成员交换关系、组织能力等因素都在其中发挥着重要的影响。所以，作为政府组织的领导者应该重视组织环境、组织文化等情境因素对公务员创新行为的影响。首先应建立发展型导向的组织文化，营造一种充满活力、积极向上、鼓励创新的文化氛围，让下属关注未来，鼓励下属发表新见解，运用新手段，推动业务和流程的持续改进。同时又要建立容错机制，让组织在一定程度上分担风险，减少下属对于创新失败的顾虑，从而激发下属的冒险精神，让下属敢于投身到创新的实践中。此外，政府组织的领导者还应该善用激励，充分地了解下属的需要，从而提高下属的职业承诺和忠诚度，激发下属自觉地参与创新，改进绩效。

第三节　研究内容

激发公务员的创新行为，鼓励公务员队伍敢于创新和善于创新，对于推动政府组织的业务流程改进，提高政府组织的治理能力具有重要意义。本书以中国公务员为调查对象，通过实证研究检验领导风格与公务员创新行为之间的相互关系及作用机制。其主要内容包括以下几个方面。

第一，阐述研究公共组织领导风格与公务员创新行为的理论价值与实践价值。创新是引领发展的第一动力，无论是对于企业组织还是政府组织而言，创新都是影响组织获取竞争优势，保持基业长青的核心要素。本书将从当前我国政府组织发展的宏观环境出发，结合领导理论与员工创新行为相关理论与文献的概貌梳理，明确关注与研究领导风格与公务员创新行为之间相互关系的理论意义与实践意义。

第二，系统梳理员工创新行为、服务型领导、家长式领导、公共服务动机、心理授权、差错管理氛围以及发展型文化等主要变量的研究概貌。通过阐述员工创新行为、服务型领导和家长式领导等主要变量的概念、维度、影响因素以及研究现状等主要内容，明确研究主题的发展现状，诊断现有研究的不足之处，在此基础上开展研究设计，从而丰富现有的研究成果，推动领导风格研究和员工创新行为研究走向纵深。

第三，了解我国公务员在服务型领导、家长式领导以及员工创新行为等方面的感知情况。通过采用问卷调查的方式，了解公务员对其直接上级、自身动机、组织环境以及个人行为方面的感受。一是了解公务员对于他们直接上级的服务型领导、家长式领导等领导风格的感知情况；二是了解公务员自身的公共服务动机以及心理授权等动机水平；三是调查公务员对其所在组织环境的差错管理氛围以及发展型文化的感知；四是调查公务员对其自身创新行为的主观评价。通过对这些主要变量进行问卷调查，可以对公务员的领导风格和员工创新行为等概念形成一个数理化的呈现，进而为接下来的深入研究奠定基础。

第四，深入探究中国政府组织情境下领导风格对公务员创新行为的作用机制。本书在进行理论阐述、文献回顾和问卷调查的基础上，提出研究模型和基本假设，并通过运用 SPSS、Amos 等统计分析软件，检验服务型领导、家长式领导等领导风格对公务员创新行为的直接效应，以及引入公共服务动机、心理授权、差错管理氛围和发展型文化等变量后的中介调节效应等，从而另辟蹊径，探讨领导风格对公务员创新行为的作用机制，丰富和完善现有的研究成果。

第五，为改进政府组织的管理水平和激发公务员的创新行为提供政策建议。理论既来源于实践，又要服务于实践。在进行实证研究的基础上，通过对研究假设的验证，可以明确服务型领导、家长式领导、公共服务动机、差错管理氛围与员工创新行为等变量之间的相互关系，从而为激发公务员的创新行为提供数理上的证据和支持。比如说，研究发现服务型领导会正向影响公务员的创新行为，那么政府组织的领导者就应该在工作过程中多表现出尊重下属、关爱下属、积极授权等领导行为，从而增强下属的组织认同感和归属感，激发下属挑战传统、革新观念、积极创新，从而改善政府组织的服务效能。

第四节　研究方法

为了了解我国公务员对于领导风格、创新行为、公共服务动机、差错管理氛围等变量的感知情况，并且试图揭开领导风格影响公务员创新行为的作用黑箱，本书主要采用了文献研究法、问卷调查法和访谈法等研究方法。

一 文献研究法

所谓文献研究法是指根据一定的研究目的或研究课题，通过对文献的搜集、处理和分析来获得相关资料，从而全面、准确地了解掌握所要研究问题的研究概貌的一种方法。本书的文献研究主要包括以下几个方面：首先，对服务型领导、家长式领导、公务员创新行为、公共服务动机、心理授权、差错管理氛围和发展型文化等主要研究变量进行概念界定，从而明确研究对象；其次，通过对社会认同理论、社会交换理论、自我决定理论和计划行为理论等进行回顾，奠定本书的理论基础，为构建理论模型提供理论依据；最后，通过系统浏览和梳理本书主要研究变量的相关文献回顾，明确本议题的研究现状，在此基础上提出本书的研究模型以及基本假设；此外，通过文献回顾选择本书涉及变量的测量工具，并结合我国实际明确各变量的调查量表，为开展正式的调查研究奠定基础。

二 问卷调查法

问卷调查主要是通过问卷发放的方式，了解公务员在服务型领导、家长式领导、公共服务动机、差错管理氛围、发展型文化和员工创新行为等主要变量的主观感知，通过第一手数据的收集和处理，为验证理论模型和假设提供依据。在文献研究的基础上，设计并明确本书的调查问卷，随后选择公务员为问卷调查对象，通过纸质问卷发放以及问卷星等网络问卷的填写方式收集调查数据。然后运用 Excel、SPSS 和 Amos 等数据统计分析软件探讨服务型领导、家长式领导与公共服务动机、差错管理氛围以及公务员创新行为之间的相互关系及作用机理。

三 访谈法

访谈法是一种通过与被访谈者之间的直接交流，来获取研究问题相关信息的一种研究方法。通过访谈者与被访谈者之间的交流互动，访谈法可以获得比问卷调查法更加丰富的信息。鉴于中西方文化传统特别是政府管理体制方面的巨大差异，直接沿用西方学者所开发的相关变量的测量量表可能并不适宜。为了切实了解我国公务员对其直接上级、个人动机、组织环境以及个人行为的实际感知情况，不宜直接沿用西方国家的现有研究成果，而是辅以访谈的方式，通过对我国政府部门管理者的实地访谈，详细探讨我国服务型领导、家长式领导、公共服务动机以及员工创新行为等主要变量的测量方式，对西方学者开发的测量量表进行因时因地制宜的恰当改造，从而做出更符合我国政府组织发展实际的判断和结论。

第五节　写作框架

本书在理论回顾和文献梳理的基础上，通过问卷调查得出一手的数据资料，检验中国政府组织情境下领导风格对公务员创新行为的作用机制，进而为改进政府创新、提高政府管理效能水平提供政策建议。本书的技术路线图如图 1-1 所示。

本书写作的主要框架如下：

第一章是绪论。主要是从理论和实践两个方面论述本书的研究背景和研究意义，提出本书拟解决和回答的研究问题，明确本书的研究内容，确定研究方法，并简要概括写作思路及框架。

第二章是理论基础与文献综述。本章首先在明确研究主题的基础上，系统回顾组织管理领域内的社会认同理论、社会交换理论、

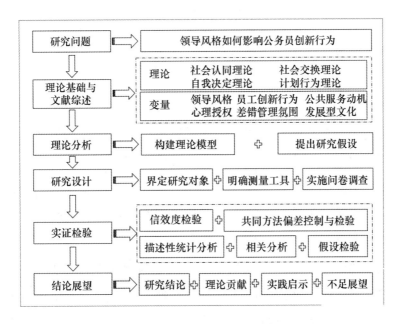

图1-1　本书的技术路线图

自我决定理论和计划行为理论等相关理论，为研究模型和假设的确立提供理论依据。其次，系统回顾和梳理员工创新行为、服务型领导、家长式领导、公共服务动机、差错管理氛围、心理授权和发展型文化等涉及的主要变量的概念、结构、测量方式、影响因素以及研究现状等主要内容，从总体上明确研究主题的研究概貌和潜在局限，从而体现本书的研究价值，并为后续研究模型和假设的建立提供文献参考和依据。

第三章是研究模型与假设。通过理论基础的阐释以及对主要变量的文献回顾和梳理，构建了本书的理论模型，确定模型的自变量、因变量、中介变量和调节变量，提出相应的研究假设，并进行汇总。

第四章是研究设计。在明确研究模型和假设的基础上，开展问卷调查。首先是确定研究样本及调查程序，本书选择公务员作为调查对象，从而检验研究主题在中国政府组织情境下的作用机理。其次是构建研究变量的测量量表，在文献查找和访谈的基础上，构建适合我国政府组织实际的测量量表，从而为数据收集和假设检验奠定基础。随后就是阐述本书所运用到的统计分析技术。在获取第一手的数据资料后，通过 Excel、SPSS、Amos 等统计分析软件的使用，构建结构方程模型，探讨领导风格与公务员创新行为之间的作用机理。此外，还介绍了问卷调查的具体实施过程，并呈现了调查样本的基本分布情况。

第五章是数据分析与结果。在获取调查数据之后运用统计分析软件对数据进行处理和分析，主要包括三个方面的内容。一是检验主要变量的信度和效度，确认是否达到了统计分析的合理性水平；二是进行描述性统计，了解调查对象在性别、年龄、工作年限等人口统计学特征方面的分布情况，并分析了人口统计学变量对公务员创新行为的影响差异；三是运用 SPSS 和 Amos 等统计分析软件检验领导风格与公务员创新行为之间的直接效应，以及纳入公共服务动机、心理授权、差错管理氛围和发展型文化等变量后的中介调节效应，从而验证之前提出的研究假设，深入地分析和探讨领导风格与公务员创新行为之间的作用机制。

第六章是研究结论与展望。主要包括四个方面的内容。一是根据假设检验结果，进行充分地讨论和分析，明确领导风格是如何作用于公务员的创新行为的；二是阐述本书的理论启示，主要是从理论角度论述本书的主要贡献，比如说有哪些新的发现，得出了哪些新的结论等等；三是阐述本书的管理启示，也就是从实践角度阐述本书的主要贡献，比如说政府组织的管理者如何调试自身的领导风格，如何激发公务员的公共服务动机，应该建立一种什么样的组织文化氛围等等，从而有效地激励公务员队伍积极参与创新；四是论述本书的研究局限与展望，阐述本书在样本分布、问卷设计等方面的不足之处，并指出未来的研究方向。

第 二 章

理论基础与文献综述

第一节 理论基础

一 社会认同理论

社会认同理论（Social Identity Theory，SIT）是塔菲尔（Tajfel）等人在 20 世纪 70 年代所提出的用于解释群体行为的理论。按照塔菲尔的观点，所谓社会认同，指的是"个体依据所属群体的知识形成自我概念（self-concept），以及认识到作为该群体成员带给他的情感和价值意义"。社会认同理论假定人们会在社会认同的过程中，显示出内群体的团结性以及外群体的区别性等各种各样的群体行为，从而获得积极的自尊和自我促进（Abrams & Hogg，1988）。社会认同包括社会分类（social categorization）、社会比较（social comparison）和积极区分（positive distinctiveness）三个心理过程。Ashforth 和 Mael（1989）指出社会认同包含四项基本原则：（1）社会认同是一个知觉型的认知构念，并不一定与具体的行为或者是情感状态相联系；（2）社会认同与个体所在群体所经历的成功或失败密切相关；（3）社会认同与内化（internalization）是有区别的；（4）对群体的认同与对个体的认同或者是互惠关系角色的认同是类似的，它部分地决定了个体在社会关系中所扮演的角色。社会认同理论认为，人们会努力实现和保持积极的社会身份认同，积极的社会认同是基于个体所属群体和非所属群体之间的倾斜比较而产生的。当人们对现有的社会身份不满时，他们可能会努力地离开现在所属的群体，并尝试加入更有利的群体，也有可能通过努力改变现属群体的状况，从而达到一种满意的状态。[①]

霍格（Hogg）在 2001 年提出了领导力的社会认同理论（The Social Identity Theory of Leadership），从社会认同理论的角度对领导力的产生和发挥机制进行了理论阐释。该理论认为，人们一般都会属于各种各样的社会群体当中，而且他们还会在自身所属的社会群体当中获取存在的意义与价值。群体成员会通过社会认同选择有效的领导，而领导者也会通过社会认同对下属产生影响（封子奇等，2014）。

近年来，已经有部分学者尝试运用社会认同理论去解释群体行为的发生机制。如赵祁和李锋（2016）从双通道团队变革型领导行为理论和社会认同理论的角度验证了认同在团队领导和团队有效性之间的中介作用，进一步拓宽了团队领导作用机制的研究广度和深度。黄京华等（2016）则基于社会认同理论，探讨了企业微博对提升消费者忠诚度的影响。研究发现，消费者感知到的微博价值会促使消费者产生微博认同，而这种微博认同又可以进一步直接或者间接影响消费者对企业和产品的关系感知。Loi 等（2014）基于社会认同理论，构建了一个包含领导成员交换、组织认同和工作满意度的中介调节模型。结果发现，组织认同在领导—成员交换与工作满意度之间发挥着中介作用。Herman 和 Warren（2014）从社会认同理论的视角出发，探讨了个体层面和团队层面的变革型领导对员工

---

① ［美］杰弗里·A. 迈尔斯：《管理与组织研究必读的 40 个经典理论》，北京大学出版社2017 年版，第 257 页。

创新行为以及组织公民行为的作用机理。结果发现，个体差异（individual differentiation）在个体层面的变革型领导和员工创新行为之间发挥着中介作用，而群体认同（group identification）在群体层面的变革型领导和组织公民行为之间发挥着中介作用。

二　社会交换理论

社会交换理论（Social Exchange Theory，SET）是一门涉及人类学、政治科学、社会心理学和社会学等多门学科的跨学科理论。关于社会交换，Homans（1961）认为，社会交换是发生在至少两个人之间的，关于有形或者无形的活动、更多或者更少的报酬或成本的交换。Blau（1986）则将社会交换视为个体受到所期望的来自他人的回报的激励所表现出来的自愿的行为活动。社会交换理论的基本前提假设是：社会资源或者物质资源的交换是人际互动的基本形式。社会交换理论包括互惠、协商等多个基本原则。所谓互惠（Reciprocity Rules），也就是说当个体在帮助他人时，他会期望在将来获得回报。而协商（Negotiated Rules）则是指，交易的各方需要协商才能尽可能达成明确的、对各方都有益的结果。除此之外，社会交换还包括理性（Rationality）、利他（Altruism）、地位一致性（Status consistency）等原则。社会交换的资源既包括有形的资产，也包括无形的项目。常见的社会交换的资源包括六种，即爱、地位、信息、金钱、商品和服务（Cropanzano & Mitchell，2005）。社会交换理论认为，每个人都拥有他人想要的有价值的东西，比如说各种有形的项目或者无形的项目，但是这些项目的具体价值的大小会受到当事人主观感受的影响。

社会交换理论为解释组织中员工的行为表现提供了新的理论视角。如刘小平（2011）基于社会交换理论，以风险认知作为员工建立与组织交换关系的起点，以组织信任作为激发和维持社会交换关系的关键要素，探讨了员工组织承诺的形成过程。研究结果表明，变革型领导会显著地影响下属的风险认知、组织信任、情感承诺、规范承诺。李金阳（2013）基于社会交换理论，探讨了虚拟社区的知识共享行为，发现在共享意愿、信任、互惠和利他等诸多影响因素中，共享意愿是影响虚拟社区知识共享行为的最重要的影响因素。郭钟泽等（2016）基于资源保存理论和社会交换理论，探讨了个人资源变量、组织诱因变量对知识型员工工作投入的影响。结果发现，心理资本和职业成长对员工的工作投入都有显著的正向影响，职业成长在心理资本与工作投入之间发挥着调节作用。Ko 和 Hur（2014）从社会交换理论的视角出发，以 2008 年的联邦人力资本调查为基础，研究发现，员工福利、程序公平与管理信誉（managerial trustworthiness）与员工的工作满意度正相关，关爱家庭的福利（family-friendly benefits）、管理信誉和程序公平与员工的离职倾向负相关。Zhang 等（2017）从社会交换理论的视角，探讨了变革型领导对个体在在线学习中创造力的影响。结果发现，知识共享会正向影响个体的创造力，变革型领导在经济型报酬与知识共享之间发挥着调节作用。

三　自我决定理论

自我决定理论（Self-determination Theory）是由德西（Deci）等提出的一种代表性的动机理论，主要关注的是个体对于自身激励或者行为的自我决定程度。自我决定理论认为，当人们的基本需要得到满足时，就会产生更高水平的绩效、健康和幸福感。此处的基本需要主要包括三个方面，即自主（autonomy）、胜任（competence）和关系（relatedness）。其中，自主是指人们在多大程度上可以决定自身的行为，胜任指的是人们完成工作或者任务的能力，而关系则是指人们与他人建立关系的需求。自我决定理论关注的焦点是自主性动机和控制性动机的区别。所谓自主性动机（autonomous motivation），一般表现为可以按照个人的意志行事或者是拥有选择的权利，内在动机就是自主性动机的一个体现。控制性动机（controlled motivation）则往往与外在的压力相联系，个体迫于外在压力而不得不表现出某些行为。除此之外，还有一种动机形式称之为无动机或者是去动机（amotivation），这是个体在三种基本需要都得不到满足时所出现的一种自我决定程度最低的心理状态。依据关注重点的不同，自我决定理论又可以进一步划分为四种子理论：认知评价理论、有机整合理论、因果定向理论和基本需要理论。认知评价理论（cognitive evaluation theory）主要解释社会情境中的各种因素对于内在动机的影响。有机整合理论（organismic integration theory）主要阐述的是外在动机的发展和形成过程中的内化、价值观和规则的整合；个体参与外在动机激励时的行为所感受到的自主性以及个体接受所在组织的价值观和文化的过程等等。因果定向理论（causality orientations theory）主要描述个体在面对社会环境时，为了支持他们的自主性，控制他们的行为或者在无动机状态时，所表现出来的个体差异。基本需要理论（basic needs theory）主要解释了个体的动机、目标与其健康、幸福感之间的关系（Deci & Ryan, 2002；刘丽虹、张积家，2010）。

自我决定理论关注的是个体的自主性，对于分析个体的行为及其效果具有较强的解释力。张旭等（2013）基于自我决定理论，从基本心理需求和工作动机的角度，构建了组织承诺的形成机制模型，探讨了基本心理需求满意度和动机调节方式对组织承诺形成的影响机制。门一等（2015）从自我决定理论的视角出发，探讨了组织自主支持氛围、领导授权、团队凝聚力以及信任感对员工即时主导心理需求满意度以及个体即兴行为的影响，对于揭示员工即兴行为的发生机制提供了有力的理论参考。李鹏等（2015）采用自我决定理论框架，剖析了绩效导向薪酬制度对员工创造性的影响。文章认为，绩效导向的薪酬制度可以通过对心理需要的满足促进自主动机，从而提高员工的创造性绩效。但由于受到公平感感知、个体人格特质、自主支持环境以及组织文化等调节变量的影响，绩效导向的薪酬制度可能会提高员工的创造性，也可能会降低员工的创造性。这对于优化设计组织的薪酬管理制度，提高组织成员的满意度和绩效水平也提供了理论上的指引。Fernandez 和 Moldogaziev（2015）基于自我决定理论，以 2010 年的联邦雇员意见调查（Federal Employee Viewpoint Survey，FEVS）数据为基础，探讨了提供有关目标和绩效的信息、基于绩效付薪、开展工作相关的知识与技能培训、给予改进工作流程的自由裁量权等授权实践对雇员满意度的影响。结果发现，授权会正向地影响雇员的工作满意度。具体而言，提供雇员习得与工作有关的知识和技能的机会以及给予他们一定的自由裁量权可以满足员工在胜任和自主性等两个方面的基本需要，从而提高他们的工作满意度。但是数据却表明，基于绩效付薪与员工的工作满意度之间没有呈现出显著的相关性。

四　计划行为理论

计划行为理论（Theory of Planned Behavior）是当前用于研究个体行为最为广泛使用的理论框架（Ajzen，2001）。艾奇森（Ajzen）在 1985 年和 1991 年发表了两篇论文，奠定了计划行为理论的基础。计划行为理论认为，个体的行为会受到三个因素的影响，行为信念、规范信念和控制信念。行为信念（behavioral beliefs）关注的是行为可能产生的结果或者其他的属性，进而形成对某种行为的喜欢或者不喜欢的态度，即行为态度（attitude toward a behavior）；规范信念（normative beliefs）关注的是对他人的规范性的期望，其结果是导致感知到的社会压力或者主观规范（subjective norm）；控制信念（control beliefs）关注的是那些可能促进或者阻碍行为发生的影响因素，由此形成知觉行为控制（perceived behavioral control），也就是个体所感知到的实施某项行为的难易程度。而且这些因素并不是直接地预测个体的行为表现，而是通过个体的行为意图（behavioral intention）这个中介变量来产生作用，各具体要素与个体行为表现的关系如图 2 - 1 所示（Ajzen，1991）。

Conner 和 Armitage（1998）在对计划行为理论的发展现状进行回顾的基础上，进一步对其进行了丰富和扩展。他们认为除了原有的影响因素外，计划行为理论还涉及信念的显著性指标（belief salience measures）、过去的行为或习惯（past behavior/habit）、知觉行为控制与自我效能（perceived behavioral control vs. self-efficacy）、道德规范（moral norms）、自我认同（self-identity）与情感信念（affective beliefs）六个变量的影响。Tommasetti 等（2018）则指出，虽然计划行为理论被广泛使用，但由于其考虑到的变量数量有限而影响了行为的预测效果，所以后续又有诸多学者对计划行为理论进行了扩展，比如说在原有三变量模型的基础上，又考虑了感知到的易用性（perceived ease of use）、个体道德规范（personal moral norm）、拒绝的技巧（refusal skill）、感知到的道德约束（perceived moral obligation）以及过去的行为（past behavior）等因素的影响。

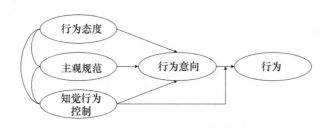

图 2 - 1　计划行为理论模型

资料来源：Ajzen I.，"The Theory of Planned Behavior"，*Organizational Behavior and Human Decision Processes*，Vol. 50，No. 2，1991。

近年来，计划行为理论已被广泛应用于管理发展、消费者行为和电子商务等多个领域。张增田和王玲玲（2015）从计划行为理论的视角出发，以组织氛围和过去行为为自变量，以主观规范、态度和知觉行为控制为中介变量，构建了公务员参与廉政教育意向的假设模型。结果发现，态度和知觉行为控制会正向影响公务员的参与行为，公务员所感知到的主观规范、组织氛围和知觉行为控制会影响他们对待廉政教育的态度，过去行为的影响作用并不显著。李泓波和贺莉（2016）基于计划行为理论，探讨了地方政府公务员改革意愿的影响因素。研究表明，改革积极态度会正向影响公务员的改革意愿，公共服务动机、指令性规范和自我效能感也是影响公务员改革意愿的重要因素。林叶和李燕萍（2016）在计划行为理论的基础上探讨了高承诺人力资源管理实践对前瞻性行为的影响及其作用机制。结果发现，高承诺人力资源管理实践会通过工作意义和感知到的前瞻性氛围正向地影响员工针对自我和团队的前瞻性行为，这对于改进组织的人力资源管理实践和促进员工的前瞻性行为提供了理论上的支持。Kroll（2013）运用计划行为理论解释了公共部门管理者的绩效信息使用行为。研究表明，绩效信息使用是一个目标导向的、理性化的行为方式，对于绩效信息持有积极的态度以及存在使用绩效信息的社会规范都会积极地影响管理者使用绩效信息的意图，较高的绩效信息使用意图进而又会使绩效信息的实际使用成为可能。

第二节　员工创新行为

一　员工创新行为的定义

自从熊彼特（Schumpeter, J. A. ）率先明确提出"创新"这一概念以来，创新就成为经济学和管理学领域中一个经久不衰的话题。① 但是在组织领域中对创新的关注和研究，则是到了20世纪90年代才开始逐步兴起。在明确员工创新行为的定义之前，有必要先厘清创新和创造力这两个概念。创新（innovation）和创造力（creativity）是两个密切相关的概念，已有学者对这两个概念进行了区分，创造力一般是指一些新奇的、有用的想法的产生（West & Farrow，1990），或者是第一次做某些事情或产生新的知识，而创新既包括新想法的产生，也包括这些想法的实施（Kanter，1988；de Ven，1986）。所以我们可以说创造力只是创新的一个基本的条件。

按照 Kanter（1988）的观点，个体创新是一个多阶段的行为过程，主要涉及问题识别、产生想法、寻求支持和实施想法等诸个环节。② 在此基础上，员工创新行为则可定义为个体在问题识别、想法产生、寻求支持和实施想法等创新各阶段过程中的具体行为表现。Faar 和 Ford（1990）认为，员工创新行为是指个体旨在率先有目的地介绍新的和有用的想法、过程、产品或程序的行为。与创造力不同的是，它有一个明确的要素就是期待有创造性的结果产生（de Jong & den Hartog，2010）。Scott 和 Bruce（1994）认为，员工创新是一个包含多个阶段的行为过程，个体在每一个阶段过程当中都可以有不同的活动或者行为表现。创新是一系列非连续性的活动组合，而非离散的、有序的行为过程，个体在任何时间任何阶段都可以参与到这些行为活动当中。Janssen（2000）认为，员工创新行为是指一个工作角色、团队或者组织为了改进绩效，而表现出来的创造、说明和应用新想法的行为。而且，这种行为是旨在提供有益

---

① 熊胜绪、任东峰：《新时期员工创新行为的影响因素及管理对策》，《甘肃社会科学》2013 年第 2 期。

② Kanter R. M.，"When a Thousand Flowers Bloom：Structural，Collective and Social Conditions for Innovation in Organization"，In：Paul M. S.（eds.），Knowledge Management and Organizational Design，Routledge，2009.

产出的目的性行为。这些创新既包括新产品或者新技术的开发、旨在改进工作关系的流程变革，也包括能够显著提高效果和效率的新想法或者新技术的应用等等（Kleysen & Street，2001）。Feirong 和 Richard（2010）认为员工创新行为是指那些运用独一无二的和有用的概念、方式去改进产品和工作的行为。Thurlings 等（2015）认为员工创新行为可以被描述成为雇员为了改进绩效，所表现出来的包含新想法的形成、创造、发展、运用、宣传、实现和修正等一系列环节的行为过程。

国内也有部分学者对员工创新行为的概念进行了界定。如顾远东和彭纪生（2010）认为，员工创新行为是指员工在工作过程中，产生创新构想或问题解决方案，并努力将之付诸实践的行为，包括产生和执行创新构想两个阶段的各种创新行为表现。其中，产生创新构想的行为包括创新机会的寻找与发现、创新方案的提出以及创新的可行性试验等；执行创新构想的行为包括为了推动创新构想的顺利落实，而采取的调动资源、说服他人、勇担风险以及促成创新的制度化、日常化等各种行为表现（王永跃、段锦云，2014；姚艳虹等，2014；屠兴勇，2015；王辉、常阳，2017）。李珲等（2014）认为员工创新行为的概念界定有广义和狭义之分。狭义的主要是指员工创意或者创造性观点的产生；而广义的概念则包括了创意的产生和实施。

本书关注的是公务员创新行为，因此有必要参考借鉴政府组织创新的相关观点，从而能够更加准确客观地厘清公务员创新行为的概念。杨雪冬（2008）认为，所谓政府创新是指政府部门所进行的，以有效地解决社会经济政治等问题、完善自身运行、提高治理能力为目的的创造性活动，其具体可以分为制度创新和技术创新两大类。制度创新关注的是通过制度的改造或创立来促进经济社会的发展；技术创新关注的通过治理手段、措施、方法以及程序的改造来提高政府组织的治理能力。本书是从行为的角度关注公务员的创新问题，更多地关注技术创新。因此，将公务员创新行为定义为：公务员在工作过程中所表现出来的提出、传播和实施新想法、新技术或者新流程的行为过程，其目的在于谋求政府组织问题的解决、绩效的改进以及服务效能的提高。公务员创新行为的特征主要包括以下几个方面：一是公务员创新行为不是被期望的角色内行为，而是公务员自身自由决定的角色外行为，不被组织奖励系统覆盖到；[①]二是公务员创新行为是由一系列行为过程所组成的，所谓新，既包括新想法、新技术的提出，也包括新想法、新技术的传播和实施，公务员只要参与这三个阶段中的任一阶段都属于创新行为的范畴；三是公务员创新行为是有目的性的，其行为的目的在于解决政府组织发展过程中所遇到的问题，或者改进组织绩效水平，从而提高政府组织的治理能力和行政效能。

二　员工创新行为的结构与测量

在明确员工创新行为的基本概念之后，为了对其进行科学合理的操作化，需要进一步探讨它的结构，从而为后续实证研究的开展奠定基础。关于员工创新行为的结构，学者们一般是从创新行为发生过程的角度来进行操作化的。

（一）员工创新行为的单维度测量量表

早在 1977 年，Hurk 等（1977）就对创新性（innovativeness）的测量进行了研究。他们最初认为创新性是一个单维度的构念，并开发了一份包含 53 个题项的测量量表，然后分别对 231 名大学生和 431 名公立学校的教师进行了问卷调查，最终确立了一份包含 20

---

① 刘云：《自我领导与员工创新行为的关系研究——心理授权的中介效应》，《科学学研究》2011 年第 10 期。

个题项的创新性测量问卷，具体的问题包括：我的同事经常向我征求建议或信息；我喜欢尝试新的想法；我会寻找新方法做事情；我对新的发现或者是方法持怀疑态度；我是一个有创新意识的人；我喜欢承担所在小组的领导责任；我愿意接受雄心壮志和未知问题的挑战等等。

Scott 和 Bruce（1994）将员工创新行为视为一个多阶段的行为发生过程，他们认为员工创新行为主要包括三个阶段，其始于识别问题和产生新颖的或已被采纳的想法和方案；接下来就是创新主体寻求创意的支持者和建立一个支持者的联盟；最后一个阶段就是创新主体通过建立一种创新的原型（prototype）或者模式（model），并且通过这种原型或模式的大量使用和制度化过程来推动创意的实施。为了对员工创新行为进行有效测量，Scott 和 Bruce 在借鉴 Kanter（1988）关于创新阶段论的基础上，通过与企业高管进行访谈，开发了包含 6 个题项的员工创新行为测量量表。该量表由组织的管理者对其下属的创新行为表现进行判断，其 Cronbach's α 系数达到了 0.89，具体的测量题项包括：（1）会寻求新科技、新流程、新技术或者提出新想法；（2）会产生有创意的想法；（3）会促进和支持他人的想法；（4）会为了推动新想法的实施寻求所需的资金；（5）会为推动新想法的实施制定充分的计划和流程；（6）是一个创新的人。

Basu 和 Green（1997）则是从管理者的角度来调查员工创新行为，通过观察下属的相关行为表现来判断员工的创新情况。他们将员工创新行为视为一个单维度的构念，具体测量包含 4 个题项，即该雇员在工作中展现出了原创精神；该雇员会针对现有的方法或设备寻找新的使用方式；该雇员会介绍新的程序去取代现有的程序；我认为该雇员富有创新精神。

（二）员工创新行为的两维度测量量表

Krause（2004）认为员工创新行为由两个相互区分的维度构成，即创意的形成和检验（the generation and testing of ideas）以及实施（implementation），其中前者包含 5 个题项，即在创新过程中：我会投入时间和精力去寻找更好的办法；我愿意承担风险；我会与他人（如专家）探讨问题，以提出新的方案；我会不遗余力支持我的老板寻找应对方案；我喜欢试验等。实施维度包含 3 个题项，即实施创新的结果在于：我会使用创新；我会在工作范围内实施创意；我会完全执行已经做出的决策。前者的标准化一致性系数达到了 0.78，后者的标准化一致性系数达到了 0.81。

Reuners 等（2005）依据詹森（Janssen）的创新行为四阶段论开发了一个包含 25 个题项的员工创新行为测量问卷，通过因子分析删除了部分题项，最终形成了包含 2 个维度 16 个题项的员工创新行为测量问卷，这两个维度即创造力导向工作行为（creativity-oriented work behaviour）和实施导向工作行为（implementation-oriented work behaviour）。其中，创造力导向工作行为包含 10 个题项，如积极思考工作如何改进；提出改进或者更新所在部门提供服务的想法；提出如何充分利用部门内部的知识和技能的想法；提出解决旧问题的新办法；提出部门内部沟通的新方式的建议；提出所在部门有关任务和工作活动分配的想法；尝试减少合作和协调的阻碍等。实施导向工作行为包含 6 个题项，如与同事合作；尝试将新想法转化为实践；为自己的想法和方案寻求同事的支持；清除创意实施过程中的障碍；让你的上级对你的创意充满热情，等等。

（三）员工创新行为的三维度测量量表

与 Scott 和 Bruce 的想法相一致，Janssen（2000）认为创新是一个复杂的行为过程，主要包括产生想法（idea generation）、推广想法（idea promotion）和实施想法（idea realization）三个阶段。随后，他以此三个阶段为基础，开发了一份包含 9 个题项的员工创新行为测量问卷。其中，产生想法阶段包括 3 个题项，即遇到难题会产生新的想法；会寻求新的工作方法、技术或者工具；遇到问题会形成新颖的、原创的解决方案。推广想法阶段包含 3 个题项，分别是：为创意寻求支持；为创意寻求认可；激励重要的组织成员对创意充满热情。实施想法阶段也包括 3 个题项，即将创意转化为有效的运用；将创意系统地介绍到工作环境中以及评价创意的实用性等。回答者主要是根据自身表现这些创新行为的频率来进行填答。研究结果表明，这三个维度的相关性介于 0.76—0.87 之间，量表的 Cronbach's α 系数达到了 0.95，显示出了较高的信度水平。

德国学者 Martins 等（2008）认为员工创新行为包括 3 个维度，一是员工的创造性（employee creativity），共计 3 个题项，如我有有益于组织发展的好的想法；二是建言行为（voice behavior），包括 4 个题项，如我在组织中会提出建议以改进工作；三是承担责任（taking charge），共计 4 个题项，如我在组织中会主动寻找机会实施新的想法，整个量表的 Cronbach's α 系数为 0.88。

（四）员工创新行为的四维度测量量表

Boer（1966）以荷兰的护士群体为调查对象，构建了员工创新行为的测量量表，该量表由识别问题（recognition of problems）、产生想法（generation of ideas）、动员支持（mobilization of support）和实施想法（realization of ideas）4 个维度构成，共计 16 个题项，量表的信度系数达到了 0.94。这一量表在随后也被 Lubberhuizen（1999）、Knol 和 Linge（2009）等学者沿用，均显示出了较高的信度水平。

de Jong 和 den Hartog（2010）认为 Scott、Bruce 和 Kanter 等人对于员工创新行为的三阶段论划分模式较为宽泛，比如产生想法这个阶段就包含了探索和形成想法这两个方面的内容，而且这两种行为与不同的认知能力相关，也受到不同的个体特征和环境因素的影响。因此，他们将员工创新行为划分为了四个阶段，即探索想法（idea exploration）、形成想法（idea generation）、支持想法（idea championing）和实施想法（idea implication）。随后，他们通过问卷调查构建了一份包含 10 个题项的员工创新行为测量量表，4 个因子的累积解释变异率达到了 87%，且 Cronbach's α 系数都达到了 0.88以上，显示信度较高。具体的测量题项包括注意到日常工作之外的问题；思考如何改进工作；寻找新的工作方法、技术或者工具；形成解决问题的原创性方案；寻找完成工作的新路径；尝试说服人们支持新的创意；致力于推动新想法的实施，等等。

（五）员工创新行为的五维度测量量表

Kleysen 和 Street（2001）为了探究员工创新行为的主要维度构成，对有关创造力和创新的 28 篇文献进行了梳理和编码，起初列出了关于创造力和创新的 289 种行为活动，经过三轮的筛选和编码，最终确立了 17 种创新行为，并将其归纳为五个维度，即探寻机会（opportunity exploration）、产生想法（generativity）、形成调研（formative investigation）、捍卫支持（championing）和投入应用（application）。随后，他们采用方便抽样的方式对来自 9 个不同组织的雇员进行了问卷调查，调查主要是围绕这些雇员表现出以上 17种创新行为的频率展开。最后通过结构方程模型的分析、检验和修正，他们确立了包含 14 个题项的员工创新行为测量问卷，如寻找机会改进现有的程序、技术、产品、服务或者工作关系；在工作、部门、组织或者客户沟通过程中，识别做出积极改变的机会；关注到工作、部门、组织或者市场中的非常规性的问题；形成处理问题的想法或者方案；试验新的想法或者方案；评价新想法的优势和劣势；冒险支持新的方案；实施看起来有益的方案，等等。量表的Cronbach's α 系数达到了 0.95，显示出了较高的信度水平。

（六）员工创新行为的六维度测量量表

Lukes 和 Stephan（2017）在对已有关于员工创新行为测量问卷进行回顾的基础上，先后经过了两次先导研究、一次效度研究和一次跨文化研究，开发和检验了一份员工创新行为测量问卷。他们认为员工创新行为包含 6 个维度，即产生想法（idea generation）、搜寻想法（idea search）、沟通想法（idea communication）、活动实施（implementation starting activities）、影响他人（involving others）和克服障碍（overcoming obstacles）。问卷具体的测量题项包括：我会在工作中尝试用新的方法做事；我会尝试从同事或者业务伙伴中取得新的想法；当我有一个新的想法时，我会尝试取得管理层的支持；我会制订合适的计划和流程，以推动新想法的实施；当新的想法在实施过程中遇到问题时，我会寻求能够解决这些问题的人的支持和帮助；当实施一个想法时，我能够持之以恒地克服困难等等。问卷共计 20 个题项，研究结果显示，该问卷具有较好的信度和效度。

三　员工创新行为的影响因素

员工创新行为是一项涉及创意的产生、传播和实施等多个阶段的行为过程，在这种行为的发生过程中会受到多种因素的影响，这也引起了国内外学者的广泛关注。通过梳理现有的关于员工创新行为影响因素的文献成果，可以发现其主要表现在人口统计学特征、个体因素、组织因素和情景因素四个方面。

（一）人口统计学特征

常见的人口统计学特征指标包括性别、年龄、收入水平、受教育水平、工作年限等。Thurlings 等（2015）为了了解教师创新行为的影响因素，对相关的文献进行了分析与处理，结果发现，收入水平、教龄以及担任一定的行政职务等因素会对教师的创新行为产生正向影响。教师个人的年龄对其创新行为的表现影响比较小。Loog-ma 等（2012）发现，从教年限低于 5 年的教师更可能较多地采用电子化学习类的创新方式，也有研究发现，教师的从教年限会负向影响他的创新行为（Yang & Huang，2008）。Horng 等（2005）则发现，良好的家庭教育也会促进教师采用创新的教学方式与策略。如果教师在童年时期得到家长的支持比较多，自由度比较高，那么他们更可能展现出新颖的教学方式。Bysted 和 Hansen（2015）在比较公私部门的员工创新行为时发现，受教育程度较高的员工表现出更多的创新行为，男性的创造性要高于女性，年龄与创新行为正相关，工作年限与创新行为负相关。

（二）个体因素

研究发现，个体的人格特质、动机、知识、技能、价值观等方面的因素会影响他们的创新行为表现。

1. 人格特质。Raja 和 Johns（2010）以来自制造业、银行和政府机关等不同组织类型的员工为调查对象，检验了大五人格（开放性、责任心、外倾性、宜人性和神经质）与员工创新之间的关系。研究发现，经验的开放性与创新呈显著的相关性。当工作范围比较宽的时候，外倾性和神经质与创新负相关，当工作范围比较窄的时候，经验的开放性与创新显示出较强的正相关性。Li 和 Wu（2012）以大学生为例，探讨了乐观主义（optimism）与创新行为之间的关系。结果发现，乐观主义与创新行为正相关，创新自我效能（creative self-efficacy）在其中发挥着部分中介作用。姚艳虹和韩树强（2013）采用方便抽样的方式，探讨了大五人格与员工创新行为之间的关系。结果发现，人格特质中的外倾性、尽责性、宜人性和开放性与员工创新行为正相关，神经质与员工创新行为负相关。逄键涛和史卉（2016）通过对 59 家生物医药企业的问卷调查，发现主动性人格对员工创新行为具有正向影响。

2. 动机。动机是触发行为产生的内在动力，一般可以分为内部动机和外部动机。卢小君和张国梁（2007）通过对391名企业员工开展调查，检验了员工的工作动机对其创新行为的影响。他们将员工创新行为划分为创新构想产生和创新构想执行两个阶段。结果发现，内部动机既能促进员工创新构想的产生，也能推动创新构想的执行，但外部动机却只与后者表现出显著的相关性，也就是说外部动机仅可以促进创新构想的执行。刘云和石金涛（2009）采用结构方程模型探讨了特质型动机（包括内在激励偏好和外在激励偏好）、组织创新气氛和员工创新行为的关系。结果发现，内在激励偏好（intrinsic motivational preference）和外在激励偏好（extrinsic motivational preference）都与员工创新行为正相关，外在激励偏好在创新气氛与创新行为之间起正向调节作用，内在激励偏好在创新气氛与创新行为之间起反向调节作用。Wang（2013）在对研发人员的调查中发现，员工的内在动机（intrinsic motivation）和过往的工作经历（prior work experience）与员工创新行为正相关，而且员工对于所在组织人力资源管理实践（如薪酬制度和培训）的满意度会发挥明显的调节作用，满意度越高，越可能激发组织创新。Devloo等（2015）从自我决定理论（self-determination theory）的视角出发，探讨了内在动机（intrinsic motivation）与员工创新行为之间的关系。结果显示，内在动机会中介员工基本需要满足（basic need satisfaction）对其创新行为的影响。

3. 知识和技能。Chang等（2011）以酒店和饭店等服务型行业为例，探讨了人力资源管理实践对组织创新的影响。结果发现，通过雇佣和培训掌握多种技能的核心员工，有利于推动组织创新，这在一定程度上也说明员工的知识和技能掌握程度也是影响其创新行为的重要因素。Romero和Martínez-Román（2012）在研究中也发现，员工的受教育程度越高，对于创新的动机也越强。屠兴勇

（2015）以自我调节和社会认知理论为基础，发现批判性思维与员工创新行为正相关，创新氛围在二者之间起部分中介作用。

4. 价值观。价值观是员工用来评价事物好坏的主要标准，直接影响到个体的行为表现。李刚和陈利军（2010）将员工的价值观归纳为自我导向、激励、成就感、遵守性和权利五个方面，探讨了其与员工创新行为之间的关系。研究表明，自我导向、激励和成就感有利于激发员工的创新行为，而遵守性和权利则与员工创新行为表现出负相关关系。

（三）组织因素

1. 组织性质

公共部门与私营部门的员工创新行为是否存在显著差异？已有学者对此问题进行了探讨。Bysted 和 Hansen（2015）以来自丹麦、挪威和瑞典的 8310 名样本为例，探讨了公私部门员工创新行为的差异。研究表明，公私部门员工在创新行为、工作自主性、创新的空间以及冒险性的文化方面，都不存在显著的差异。不过，Verschuere 等（2014）在对芬兰非营利组织（NPOs）的调查研究中发现，老年看护中心和医院的员工创新行为则明显要强于博物馆和中学职工，其原因可能是政府部门对于前两者的服务质量有更高的要求，所以在客观上也促进他们积极参与创新。

2. 组织学习

组织学习（organizational learning）不仅是影响组织长期绩效和生存发展的重要因素，也会对员工的创新行为产生影响。Lin 和 Lee（2017）以台湾南部某工业园区的 21 家公司为调查对象，通过对 54 名管理者及其 511 名下属的配对样本数据，分析了组织学习与员工创新行为之间的关系。研究发现，组织的学习能力越强，员工则更有可能表现出创新行为，而且组织学习对于员工创新行为的作用会受到员工工作投入（work engagement）的完全中介影响。

3. 任务特征

任务特征是指员工所在岗位的一些特征，如工作的自主性、工作标准化、工作的要求、任务的多样性，等等。De Spiegelaere 等（2014）研究发现，工作的不安全感（job insecurity）与员工创新行为负相关，工作自主性（job autonomy）与员工创新行为正相关，工作投入在二者之间起中介作用。Luoh 等（2014）研究发现，工作标准化（job standardization）会负向影响员工创新行为。Montani 等（2014）发现任务多样性（task variety）与员工创新行为正相关，愿景描绘（envisioning）和规划制定（planning）在二者之间起中介作用。员工所处的工作岗位要求也是影响其创新行为的一个重要因素。Janssen（2000）在探讨工作要求（job demands）与员工创新行为之间的关系时，将报酬的公平性（effort-reward fairness）也纳入了考虑的范畴，结果发现，当员工感到报酬比较公平时，工作要求与员工创新行为正相关。Gilson 和 Shalley 等（2004）发现团队成员对于工作任务需要创新的共同感知与他们对创新活动的参与和投入呈正相关。当给定一个必要的理由，比如说该项工作需要创新时，团队成员将更可能在工作中去尝试新的工作方法。但是员工创新行为是一种角色外的可供选择的行为，员工可以根据表现这种行为对其本身的价值来确定是选择遵循传统还是推陈出新（Ford，1996）。Shin 等（2017）则进一步发现，当员工对创新的内在动机处于较低的水平时，员工感知到的工作对于创新的要求与其创新行为显示出较强的正相关性，而且这还有一个前提就是员工认为创新对于做好工作非常重要。

4. 物理特征

组织的物理特征一般涉及组织结构设计、组织所拥有的资源等。杨晶照等（2012）基于角色认同理论，通过运用多层线性回归模型分析方法，探讨了组织结构对员工创新行为的影响。研究发现，组织的集权化程度对员工创新行为的影响比较大，灵活的组织结构形式、宽松的工作氛围以及自主的工作方式都有助于激发员工的创新行为，正规化与复杂度虽然对员工创新行为的影响不显著，但是在一定程度上仍然抑制了员工创新行为。

Li 和 Hsu（2016）在回顾研究服务行业中的员工创新行为的文献时发现，组织所拥有的资源以及对创新的支持对于员工创新行为的影响比较显著。如组织的规模比较大、财务对于创新的支持比较多、组织的结构和管理制度比较完善、与外部伙伴建立了良好的合作关系等，这些因素都会有利于激发组织成员的创新行为。而且，已有研究表明，工作复杂性、工作自主性、技能多样性、任务完整性、任务重要性和工作反馈等工作特征都会对员工创新行为产生积极影响（Oldham & Cummings，1996；Shalley et al.，2009；De Jong & Kemp，2003；Luo et al.，2014；Chen et al.，2011；Coelho & Augusto，2010；Giebels et al.，2016）。

Spanuth 和 Wald（2017）以澳大利亚和德国的临时组织的专业人员为调查对象，探讨了临时性组织形式下的组织承诺（temporary organization commitment）和组织能力（temporary organization proficiency）对于员工创新行为的作用效果差异。结果发现，组织承诺对于组织行为的影响并不局限于长期性的正式组织，其对于临时性组织的影响依然存在。具体而言，组织承诺和组织能力都与员工的创新行为正相关，而且，组织能力的影响要强于组织承诺的影响。组织性质也是影响员工创新行为一个重要因素。Du 等（2017）研究发现，在国有企业中，知识共享不会显著影响到员工的创新行为，但是在私营企业中，二者则显示出了较强的相关性。

5. 组织管理

组织管理涉及组织的各类管理活动，组织管理水平的高低在一定程度上也会影响员工的创新行为。组织的管理制度设计、人力资源管理实践、高绩效工作系统、组织的发展战略以及激励模式等因素对员工创新行为的影响如何？这也已经吸引了国内外诸多学者的关注。

Bysted 和 Jespersen（2014）以来自公共部门和私营部门的数据为基础，比较了管理机制（managerial mechanism）对员工创新行为的影响。他们将管理机制划分成为财务机制（financial mechanisms）、分权机制（decentralization mechanisms）和参与机制（participative mechanisms）三个维度，将员工创新行为划分为创意形成（idea generation）和创意实现（idea realization）两个维度。结果发现，公共部门的员工将创新行为视为一种角色外的行为，所以往往与工资奖金有较大关联，而私营部门的员工则将创新视为一种角色内的行为，认为是个体绩效的一部分，将其与职业发展相关联。数据表明，财务机制不会影响到创意的形成，但是会减少创意的实施；分权机制可以激发员工参与创新，参与机制则会部分地影响员工创新行为。

Abstein 和 Spieth（2014）采用质性研究的方式，探讨了人力资源管理对员工创新行为的影响。他们在对 25 名人力资源领域的专业人士进行访谈的基础上，将组织的人力资源管理活动归纳成为四个元特征（meta-features），即个体导向（individual orientation）、自主导向（discretion orientation）、努力导向（effort orientation）和期望导向（expectancy orientation）。组织的人力资源管理活动通过这四项元特征的体现可以增强员工创新行为和减少工作生活冲突（work-life conflict）。

高绩效工作系统（high-performance work systems）是近年来人力资源管理领域的热门话题之一。高绩效工作系统一般包括三个方面的主要内容，一是人员流动（flow of people），如雇员的选拔与培训、工作的安全感、合适的职业发展路径等；二是健全的评价和奖励制度，包括及时有效的绩效评价、薪酬和福利安排等；三是对雇员关系的重视，包括有效的工作设计、员工参与决策过程等（Dhar，2015）。已有学者对高绩效工作系统与员工创新行为之间的关系进行了研究。如 Escriba-Carda 等（2017）以来自西班牙公共部门的 304 名研究者为调查对象，探讨了高绩效工作系统对员工创新行为的影响。结果发现，员工感知到的高绩效工作系统与创新行为显著正相关，探索性学习（exploratory learning）在其中发挥部分中介作用。Dhar（2015）在对印度的旅游酒店职员进行调查的基础上，证实了高绩效工作系统对员工创新行为的积极影响，研究还发现组织承诺在二者之间起中介作用。

Prirto 和 Perez-Santana（2014）运用回归分析探讨了高卷入人力资源实践（high-involvement HR practices）与员工创新行为之间的关系。高卷入人力资源实践包括能力驱动型实践（选拔、培训）、机会驱动型实践（工作设计丰富化、员工参与）和动机驱动型实践（激励薪酬和绩效评价）。结果发现，能力驱动型实践和机会驱动型实践与员工创新行为正相关，动机驱动型实践与员工创新行为不存在显著的相关性。

曾湘泉和周禹（2008）探讨了激励模式对员工创新行为的影响机制。研究发现，外在报酬和内在激励都能够激发员工创新行为，而且二者之间作用的发挥具有积极的互补效应，比如当外在报酬达到一个较高的水平时，内在激励能更有效地激发员工创新行为。宋典等（2011）运用社会信息加工理论，研究发现战略性人力资源管理会直接影响员工创新行为，而且创新氛围在其中发挥着部分中介作用。王永跃和段锦云（2014）通过问卷调查，发现人力资源实践水平与员工创新行为正相关，并受到了心理契约破裂中介作用的影响以及上下级沟通水平调节作用的影响。苏中兴等（2015）基于北京市中关村 IT 企业的调查数据，发现组织的创新战略并不一定能够激发组织成员的创新行为，但组织的人力资源管理、创新氛围、心理安全氛围会显著地正向调节创新战略对员工创新行为的影响。

6. 知识共享

知识共享（knowledge sharing）可以促进组织内部信息的合理流动，从而激发新想法的产生。Radaelli 等（2014）通过问卷调查探讨了知识共享如何影响员工的创新行为。结果发现，员工通过知识共享可以促进知识的整合与转化，从而促进创新。Akhavan 等（2015）在对伊朗的高科技公司的雇员进行实证调研的基础上，也证实了知识共享对员工创新行为的促进作用。Kang 和 Lee（2017）研究发现，组织吸纳能力（absorptive capacity）会显著影响员工的创新行为，但知识共享的直接影响效应却不显著（Yu et al.，2013；Mura et al.，2013）。

（四）情景因素

1. 人员关系

上下级关系是创新行为发生过程中的一个重要因素。孙锐等（2009）以从事科技创新或研发活动的企业员工为例，探讨了领导成员交换（leader-member exchange theory，LMX）、团队成员交换（team-member exchange theory，TMX）与员工创新行为之间的关系。研究发现，领导成员交换和团队成员交换都会显著地正向影响员工创新行为，而且，其作用效果是通过组织创新气氛的完全中介作用实现的。Agarwal 等（2012）以服务类组织为研究对象，研究发现领导成员交换并非直接地影响员工创新行为，工作投入在二者的效应中发挥完全中介作用。Schermuly 等（2013）基于领导成员交换理论，关注领导力对员工创新行为的影响，结果得出了与 Agarwal 类似的研究结论，也就是领导成员交换是通过心理授权的完全中介作用来激发员工的创新行为，二者之间并不存在直接的相关性。Carnevale 等（2017）采用元分析的方式，通过对现有文献的梳理和总结，发现领导成员交换与员工创新正相关。

2. 领导风格

领导风格理论历来是管理学领域的热门话题之一，那么领导风格是否会影响到下属的创新行为表现呢？这也吸引了国内外诸多学者的关注。代表性的领导风格类型包括：伦理型领导、变革型领导、交易型领导、家长式领导、服务型领导、包容型领导、精神型领导、破坏型领导、辱虐型领导、幽默型领导，等等。近年来，有许多国内外学者对领导风格与员工创新行为的作用机制进行了研究，取得了丰硕的成果。

伦理型领导（ethical leadership）强调注重公正和善于激励，主要包括正直、利他主义、集体动机和鼓励四个方面（Resick，2006）。Tu 和 Lu（2013）基于认知评价理论（cognitive evaluation theory），通过跨层分析探讨了伦理型领导对员工创新行为的影响机制。结果发现，个体层面和团体层面的伦理型领导都与员工创新行为正相关，内在动机在二者之间发挥着中介作用。Dhar（2016）以印度的 150 家中小型酒店为例，探讨了伦理型领导与员工创新行为之间的关系，结果发现伦理型领导能够正向地促进员工创新行为的发生，该研究还证实了领导成员交换在其间的中介作用和工作自主性的调节作用。王忠诚和王耀德（2016）以战略性新兴产业企业员工为调查样本，探讨了伦理型领导、知识共享与员工创新行为之间的关系。数据显示，伦理型领导与员工创新行为表现出显著的正相关性，知识共享在二者之间起部分中介作用。

变革型领导（transformational leadership）与交易型领导（transactional leadership）两种领导风格常被学者一起用来进行对比性研究。变革型领导强调愿景激励、德行垂范、领导魅力和个性化关怀（李超平，2014），交易型领导则重视交换、秩序和服从。大量研究表明，变革型领导有利于正向激发员工创新行为（张毅、游达明，

2012；仇一微、马士斌，2013；吴泽俊、杨铖，2014；冯彩玲、张丽华，2014；黄秋风、唐宁玉，2016；梁阜、李树文，2016），交易型领导对员工创新行为的影响则得出了差异化的结论（吴文华、赵行斌，2010；霍伟伟、罗瑾琏，2011；林巍、严广乐，2013；黄秋风、唐宁玉，2016）。Sanders 和 Shipton（2012）采用层级回归分析法探讨了变革型领导与员工创新行为的相互关系。结果发现，变革型领导有利于促进员工创新行为，团队学习（team learning）和团队协作（team cohesion）在其中发挥着中介作用。Afsar 等（2014）以中国的创新型公司为例，发现变革型领导有利于促进创意的形成和实施，而且对形成的影响要强于对实施的影响。研究还进一步证实了心理授权的中介作用和员工自我建构（self-construal）的调节作用。Reuvers 等（2008）从性别差异的角度比较了变革型领导对员工创新行为的影响。结果发现，性别不同的管理者其创新行为并不存在显著的差异，但是与女性管理者相比，男性变革型领导更容易促进员工创新行为的发生。

家长式领导（paternalistic leadership）是华人社会各类组织普遍存在的一种领导风格类型，学界一致认为其可以进一步划分成为仁慈领导、德行领导和威权领导三个维度。李珲等（2014）探讨了中国情境下家长式领导对员工创新行为的作用机制。研究发现，仁慈领导和德行领导与员工创新行为正相关，威权领导与员工创新行为负相关。王振华（2014）也构建了类似的理论模型，并且将组织创新氛围、心理授权和组织承诺三个变量作为中介变量进行了进一步的讨论。Tian 和 Sanchez（2017）采用多源数据和跨层分析，探讨了家长式领导中的威权领导和德行领导及这两个维度的交互对员工创新行为的影响。结果发现，当领导只是展现出威权领导时，不利于下属信任关系的建立，从而会减少创新行为以及其他有风险的行为。他们还指出，在当前的中国组织中，领导者如果只是单一地展现出威权领导或者仁慈领导并未比二者结合起来有效。当威权领导与仁慈领导结合起来使用时，就会营造一种更少弱点和更多信任的组织环境，从而鼓励下属积极参与创新。Gumusluoglu 等（2017）从社会认同理论的视角出发，探讨了家长式领导中的仁慈领导这一维度对团队层面创新行为的影响。结果发现，当员工的团队认同比较高时，仁慈领导会促进他们的创新行为。

服务型领导（servant leadership）是一种以利他导向、以理服人、情绪抚慰、信任他人、智慧启迪等为特征的领导风格类型，强调下属优先，也就是领导者将下属的利益置于自身之上。庄子匀和陈敬良（2015）基于 325 对上下级配对数据，探讨了服务型领导与员工创新行为之间的关系。数据表明，服务型领导与员工创新行为之间正相关，领导认同在二者之间起完全中介作用，组织创新氛围在二者之间起正向调节作用。

包容型领导（inclusive leadership）强调领导者应该以员工为中心，要充分地关注下属的需求并尽量满足，要积极倾听下属的观点，从中吸取合理化建议，对于下属的贡献要及时地认可与奖励，从而有效激发下属潜能，通过提升员工个体绩效进而改进组织整体绩效（章璐璐等，2016）。姚明晖和李元旭（2014）认为包容型领导包含开放度、亲和度、宽容度和支持度四个维度。研究表明，包容型领导有利于促进员工创新行为，组织创新氛围在其间发挥着中介作用，而且包容型领导的四个维度在创新的不同阶段也发挥着不同的影响作用。管春英（2016）研究发现，包容型领导对员工创新行为有显著的正向影响，心理可得性、追随力和核心自我评价发挥着部分中介作用，互动公平发挥了显著的正向调节作用。梁祺和张纯（2016）则从知识共享这一典型的社会互动机制视角出发，证实了知识共享在包容型领导正向影响员工创新行为中发挥着部分中介的作用。方阳春和陈超颖（2017）认为包容型领导包括包容员工的观点和失败、认可并培养员工和公平对待员工三个维度，员工创新行为包括创新思维的产生和创新行为的执行两个维度。数据表明，包容型领导的三个维度与员工创新行为的两个维度都表现出显著的相关性。

领导运用幽默的方式不仅会影响领导的有效性，还会影响下属的态度和行为。幽默型领导（humorous leadership）是一种依靠言语或者非言语的活动来获取听众的积极认知和情感反应的沟通策略（Crawford，1994），幽默型领导者往往会通过与下属分享有趣的事情来取悦下属（Cooper，2005）。Ho 等（2011）探讨了幽默型领导对领导者创新行为的影响。他们将幽默型领导分为四个类型，即亲和幽默型（affiliative humor）、自强幽默型（self-enhancing humor）、攻击幽默型（aggressive humor）和自贬幽默型（self-defeating humor）。结果发现，自强幽默型与创新行为正相关，攻击幽默型与创新行为负相关，而亲和幽默型和自贬幽默型则与创新行为没有表现出显著的相关性。Pundt（2015）以德国的 150 名雇员为调查对象，发现幽默型领导与员工创新行为正相关。当领导者表现出更多的幽默时，更能激发下属创新。

除此之外，国内外还有许多学者探讨了真实型领导、涌现型领导（emergent leadership）、授权型领导、道德型领导、愿景型领导、辱虐型领导、差序式领导、精神型领导、共享型领导、教练型领导、谦卑型领导、破坏型领导、参与式领导等领导风格与员工创新行为之间的作用关系（韩翼、杨百寅，2011；彭正龙，2011；陈平、顾建平，2014；曲如杰等，2015；王永跃等，2016；管春英、汪群，2016；袁凌等，2016；梁巧转等，2016；马茹菲，2016；盛宇华等，2017；袁朋伟等，2018；朱瑜等，2018；王弘钰等，2018；杨陈等，2018；Hou，2017；Odoardi et al. , 2015）。

3. 组织氛围

研究表明，组织创新不仅需要人力、物力和财力的投入，还需要组织氛围的支持。Imran 等（2010）探讨了组织氛围（organizational climate）对员工创新行为的影响，他们将组织氛围划分成为人际关系型（human relations model）、内部流程型（internal process model）、开放制度型（open system model）和理性目标型（rational goal model）四种类型。结果发现，开放制度型和理性目标型两种组织氛围有利于促进员工创新行为。研究还发现，不同组织规模下的员工创新行为表现并不存在显著的差异。

组织创新氛围（organizational innovation climate）与员工创新行为呈正相关，这已经得到了多数学者的证实（顾远东、彭纪生，2010；刘云、石金涛，2010；梅强等，2011；耿昕等，2011；甄美荣等，2012；连欣等，2013；曹科岩、窦志铭，2015）。Nisula 和 Kianto（2016）从个体和团队两个层面，探讨了在临时性组织中员工创新行为的影响因素，结果发现了试验支持型的组织氛围（experimentation-supporting climate）与员工创新行为之间的相关性。但是，参与的安全感（participative safety）、对创新的支持（support for innovation）以及组织愿景（vision）等因素的影响作用却未曾得到证实。Hsu 和 Chen（2017）采用跨层次分析方法，探讨了组织创新氛围对员工创新行为的影响。结果发现，组织创新氛围和员工心理资本（employee psychological capital）都与员工创新行为显著相关，而且更重要的是，员工心理资本在其中发挥着完全中介的作用。

4. 组织文化

组织文化是组织在对外部环境的适应和内部一体化的过程中探索、发现和形成的一组基本假设（Schein，2010），会直接影响到组织内部员工的态度和行为。杨晶照等（2012）以企业员工为调查对象，从计划行为理论的视角探讨了组织文化与员工创新行为的关系，他们将组织文化划分成为高聚合型、市场导向型、中庸型和层级型四种类型，研究发现组织文化类型会显著影响员工创新行为，且不同的组织文化类型影响程度是不一样的，由高到低分别是高聚合型、中庸型和市场导向型、层级型。杜鹏程等（2015）研究发现，个体感知到的差错反感文化会负向影响员工创新行为，而且创新自我效能和工作嵌入感在其中发挥完全中介作用。Korzilius 等（2017）以一家国际化的人才中介机构为调查对象，探讨了多元文化主义（multiculturalism）对员工创新行为的影响。文章认为，多元文化背景的人展示出更强的忍耐性、更积极的团队协作态度，更愿意质疑权威和促进社会变革。数据显示，文化多元主义与员工创新行为正相关，文化智力（cultural intelligence）在二者之间发挥完全中介作用。Du 等（2017）研究发现，在国有企业中，权利距离（power distance）和集体主义（collectivism）会对探索性学习和员工创新行为的影响产生调节作用。

5. 组织公平

组织公平是影响员工创新行为的一个重要因素，一般包括分配公平、程序公平和互动公平 3 个维度。李悦和王重鸣（2012）以高科技企业员工为例，探讨了程序公平对员工创新行为的影响。结果发现，程序公平能够有效促进员工创新行为，积极情绪在二者之间起中介作用。Agarwal（2014）基于社会交换理论（social exchange theory）检验了组织公平（organisational justice）等情境因素对员工创新行为的影响。研究发现，心理契约满足（psychological contract fulfilment）、人际公平（interactional justice）、过程公平（procedural justice）和信任（trust）都与员工创新行为正相关。Hsu 和 Wang（2015）研究发现，员工感知到的组织公平（perceived organizational justice）与其创新行为呈正相关，而且二者之间的关系还会受到组织支持（organizational support）的调节作用的影响，也就是说当员工感受到较高的组织支持时，会促进组织公平对创新行为的积极作用。但 Young（2012）却发现当组织支持（perceived organization support）纳入考虑的范畴时，组织公平的三个维度并未表现出与员工创新行为的直接相关性，而是受到了组织支持完全中介作用的影响。

四　员工创新行为的结果变量

现有关注员工创新行为的影响因素的文献相对较多，也有少部分文献关注了员工创新行为对组织绩效的影响。Gong 等（2009）在研究中发现雇员的创造性与工作绩效呈正相关。Aryee 等（2012）以自我概念理论（self-concept based theory）和社会交换理论为理论视角，发现员工创新行为与任务绩效（task performance）正相关，而且员工创新行为在工作投入与任务绩效之间起中介作用。Omri（2015）则探讨了管理者的创新行为、创新产出如何影响公司绩效，结果发现，管理者的创新行为和创新产出是影响公司经营绩效的关键因素，而且环境的不确定性会负向调节创新策略与公司绩效之间的关系。Shanker 等（2017）基于组织氛围理论（organizational climate theory），以马来西亚公司的 202 名管理者为调查对象，探讨了组织创新气氛（organizational climate for innovation）对组织绩效（organizational performance）的作用机制，结果发现，组织创新气氛对组织绩效具有显著的正向影响，员工创新行为在二者之间发挥着完全中介作用。Javed 等（2017）以巴基斯坦的酒店员工为调查对象，探讨了伊斯兰工作伦理（Islamic work ethic）与适应性绩效（adaptive performance）的关系，结果发现，员工创新行为与适应性绩效不仅直接相关，其还在伊斯兰工作伦理与适应性绩效之间发挥着中介作用。吕霄等（2016）从个性化交易和员工创新行为的视角探讨了前摄性人格（proactive personality）与角色内绩效（in-role performance）之间的关系，研究表明，员工创新行为正向影响角色内绩效，并且在前摄型人格与角色内绩效之间起部分中介作用。

五　公务员创新行为的相关研究及述评

创新不仅是企业组织增强核心能力，获取竞争优势的重要手段，也是政府组织等公共部门改进行政效率、提高服务效能的必要举措。Julnes（2015）指出："在组织情境中，一提到创新，人们往往就会将其与私营组织联系在一起，因为私营组织与政府组织和非营利组织相比，具有更高的灵活性和适应性，对于变革的承受能力也相对较高。但是事实却是公共组织与非营利组织也在创新，虽然这可能会引起部分学者的质疑。公共组织为了充分地利用有限的资源，提高组织的绩效和实现预期的社会产出，也必须另辟蹊径，参与创新。"[①]从现有员工创新行为的相关文献来看，已有研究主要聚焦在私营部门，但是也有部分学者关注公共部门的公务员或者公共组织的创新实践。

Borins（2002）认为公共管理的创新可以分为三类，即政治导向下的危机处理、新任首脑主导下的组织转型以及一线和中层管理者实施的自下而上的基层创新。他认为公共组织的创新与领导力之间存在紧密的联系，前两种自上而下的创新是由政治家和政府组织首脑分别主导的，而自下而上的基层创新在公共组织中发生得更为频繁，这些创新的实施者和推动者更多的是扮演着非正式领导者的角色。Damanpour 和 Schneider（2008）以美国国际城市管理协会的相关数据等为基础，采用层级回归分析探讨了创新特征、管理者特

---

① Julnes P. D. L. and Gibson E. , "*Innovation in the Public and Nonprofit Sectors: A Public Solutions Handbook*", Routledge, 2015, p. 3.

征与创新采纳（innovation adoption）之间的关系。数据表明，从创新的特征来看，公共组织创新的成本、复杂性对创新采纳没有显著影响，创新的影响力对创新的采纳有显著的正向影响；从管理者的人口统计学特征来看，管理者的年龄和性别对采纳没有显著的影响，其受教育水平与创新采纳正相关；从管理者的个性特征来看，管理者个人对创新的态度、自由主义意识（liberal ideology）与创新的采纳正相关，而政治导向对创新采纳的影响则没有得到数据的支持。

Fernandez 和 Moldogaziev（2012）以美国联邦人力资本调查数据为基础，探讨了不同的授权实践对联邦政府一线雇员创新行为的影响。实证结果表明，并非所有的授权实践都有助于激发公务员的创新行为，甚至某些授权实践还会损害公务员的创新热情。具体而言，授予雇员改进工作流程的自主性和给他们提供习得与工作相关的知识和技能的机会两项实践能够有效地激励雇员参与创新；基于结果绩效付薪会打击雇员的创造性，而奖励雇员在工作过程中的创新变革则有助于提升他们参与创新的积极性；给一线雇员提供关于目标和绩效的信息这一实践单独不会对公务员创新产生影响，而将其与其他授权实践结合起来时会对创新产生小幅影响。随后，他们还进一步探讨了雇员授权、员工创新、员工满意度与员工绩效之间的关系。数据表明，工作授权有利于激发公职人员的创新意识和创新行为，进而改进个人和组织的绩效水平。钟坚龙和蒋巧燕（2017）对某发达地区的 650 名基层公务员进行了调查，结果发现基层公务员在观念思维创新、方法创新和结果应用创新三个维度的得分较高，心理资本当中的自信、希望水平与公务员创新正相关，韧性水平与观念思维创新正相关，乐观水平与观念思维创新负相关。

Pieterse 等（2010）以荷兰的 230 名政府机关雇员为例，探讨了变革型领导和交易型领导这两种领导风格形式对员工创新行为的影响差异。数据表明，交易型领导与创新行为负相关，而只有当心理授权比较高的情况下，变革型领导才与创新行为正相关。Kruyen和 van Genugten（2017）以荷兰市政府的部门首脑和团队领导者为调查对象，从个人因素和情景因素两个方面探讨公务员创造力的影响因素，他们通过半结构化访谈（semi-structured interviews）的方式发现，认知能力、行为能力、对他人态度、工作特征、领导风格以及工作环境等因素会不同程度地影响公务员的创造力。Moussa 等（2018）关注美国、澳大利亚、新西兰等发达国家公共组织的创新实践，他们通过文献分析认为，领导者的能力、关键障碍（如抵制变革）和组织氛围会影响公共组织的创新能力。Miao 等（2018）采用心理授权理论（psychological empowerment theory）检验了创新型领导、公共服务动机对公务员创新行为的作用机制，结果表明，创新型领导可以通过提高公务员对影响力和工作意义的感知激发他们的创新行为，同时，公共服务动机可以通过提高员工对工作意义和自我效能感来激发他们的创新行为。梁丽芝和彭海军（2007）认为，行政价值观是公务员行政行为的出发点和归宿，会直接影响公务员的创新行为。因此，公务员应树立务实、效益和服务的准确行政观。

除了关注公务员创新行为的影响因素之外，还有部分学者探讨了如何提高公共组织的创新水平。传统的公共组织效率低下，不利于促进创新。为了改进公共组织的创新实践，急需打破旧有的传统官僚体制（Moussa et al.，2018）。Torugsa 和 Arundel（2016）认为，创新活动越复杂，公务员在实施的过程中面临的阻碍也就越多，但是在实践中，那些复杂的创新往往要比简单的创新更具价值。对于如何改进公务员的创新，他们也提出了具体的建议，包括提升公务员的管理能力；清除创新过程中的障碍；营造激励公务员创新的组织环境；建立激励机制以及提供创新所需的资源等。

此外，De Vries 等（2016）采用文献研究法，一共搜集了 181 篇关于公共组织创新的论文和著作，发现现有研究主要关注创新的概念、类型、目标、前因变量和结果变量等方面。以此为基础，他们构建了一个公共组织创新的实证研究框架，如图 2 - 2 所示。进而指出，未来研究需要关注方法的多样性、理论的发展性以及样本的跨国性和跨部门性等议题。

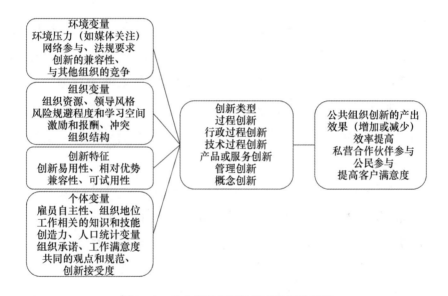

图 2 - 2　公共组织创新的探索性理论框架

资料来源：De Vries H. Bekkers V. and Tummers L. "Innovation in the Public Sector: A Systematic Review and Future Research Agenda", *Public Administration*, Vol. 94, No. 1, 2016。

员工创新行为是员工提出创新的想法，并宣传推广和应用实施的过程。近年来，学者们围绕员工创新行为的概念、测量、影响因素以及结果变量等话题展开了广泛的研究，形成了比较丰富的研究成果，但是仍然存在一些局限，有待未来研究给予更多的关注。

1. 关于员工创新行为定义的争议。许多学者对于员工创新行为的概念是从行为的发生过程这一角度进行定义的，关于员工创新行为是一个涉及多阶段的行为过程这一点，现有学者大多已经达成共识。但是，员工创新行为的发生阶段如何进行划分，是两阶段还是三阶段，抑或更多阶段，现有研究莫衷一是。而且，员工创造力与员工创新行为是两个不同的概念，其内涵外延都存在较大差异，因此未来研究需要注重厘清这两个概念，避免混淆。

2. 关于员工创新行为测量的分歧。对一个变量进行科学合理的操作化是对其进行深入研究的必要前提。现有研究所涉及的员工创新行为测量量表有单维度的测量，也有二维度测量、三维度测量、四维度测量、五维度测量和六维度测量，并且这些不同的测量方式在文献中并不鲜见。由此可见，如何测量员工创新行为，这不仅需要理论上的进一步推演，也需要在实践中不断去进行检验和校正。因此，开发一个广泛适用的员工创新行为测量量表是未来研究的一个着力点。

3. 关于员工创新行为影响机制的深入发掘。通过对员工创新行为现有研究文献的梳理，我们发现员工创新行为的发生会受到人口统计学变量、个体特征、组织因素和情景因素的影响，而且，员工创新行为在一定程度上还会影响到组织的绩效水平。但是通过系统的文献回顾发现，现有研究大多关注哪些因素会影响到员工创新行为，对于员工创新行为的作用效果如何却缺乏足够的讨论。因此，未来的研究可以更多关注员工创新行为的作用效果，从而可以丰富员工创新行为研究的理论视阈，提高这一话题的实践价值。此外，现有的相关研究注重吸纳动机、组织文化、组织氛围、知识共享等因素来探讨员工创新行为的发生机制，对于服务型领导、家长式领导、组织的差错管理氛围等与员工创新行为密切相关的作用因素缺乏足够的关注，因此本书期望通过引入差错管理氛围、心理授权和发展型文化等中介调节变量，来深入探讨服务型领导和家长式领导对员工创新行为的作用机制。

4. 关于员工创新行为的跨情景研究。员工创新行为是发源于西方情境下的一个行为概念，在西方学界的持续关注下积累了大量的研究成果。但是，这些研究成果在中国文化背景下是否适用，是否能够接受中国情境下的实践检验，这是一个值得关注的话题。因此，有必要借鉴吸收西方学界的现有相关研究成果，在此基础上结合我国国情与发展实际，探讨中国情境下的员工创新行为作用机理。而且，通过对文献梳理还发现，现有关于员工创新行为的诸多研究绝大部分都是从企业的视角为切入点，那么公共部门的员工创新行为与企业的员工创新行为是否存在差异？公共部门的员工创新行为的发生机理是否又与企业相区别呢？比如说政府组织的服务型领导和家长式领导如何作用于公务员的创新行为？公务员的公共服务动机是否会是一个重要的影响因素？这些都是有待深入研究的话题。有鉴于此，本书期望以中国政府组织的领导风格与公务员创新行为为研究主题，探讨其具体的相互关系及作用机理，从而拓宽员工创新行为的研究视阈，同时为激发公务员创新提供理论逻辑上的佐证与实践应用上的建议。

第三节　服务型领导

一　服务型领导的起源

服务型领导（Servant Leadership，SL）是格林里夫在 1970 年发表的《做仆人般的领导》（The Servant as Leader）一文中正式提出的一个概念。这个概念的提出源自于赫尔曼·黑塞（Hermann Hesse）所著的《东游记》（Journey to the East），这本书讲述了一群人神秘探险的故事。利奥（Leo）是该故事的主人公，一直扮演着仆人的角色，他不仅负责日常的琐事，还用自己的意志和歌声鼓舞大家前行。事情本来进行得很顺利，但是直到利奥的消失，整个队伍陷入了一种混乱的状态，旅行不得不到此结束。于是，人们才发现没有了利奥这个仆人的话，他们是不可能到达终点的。因此，利奥不仅是整个队伍的仆人，而且还是大家名义上的首领、前进的领路人、伟大和崇高的领导者。基于此，格林里夫提出了服务型领导这一领导风格类型，他认为服务型领导是一种坚持服务优先而非领导优先的领导风格，将下属的需要、渴望和利益置于自身之上。服务型领导还注重更加充分地开发下属的潜能，让他们能够更好地完成工作任务，促进沟通，实现自我激励和开发领导力，等等（Green-leaf，1977）。

Farling 等（1999）认为，服务型领导在任务的有效性、社区责任、自我激励和未来领导力方面充分地开发下属潜能，并且会通过愿景的生动规划赢得下属的认可和信任。Hale 和 Fields（2007）认为服务型领导是这样的一种理解和实践，它关注领导者个人利益之外的福祉，强调那些关注下属成长而非领导者个人荣耀的行为。Barbuto 和 Wheeler（2006）认为，所谓服务型领导还包括一种利他的呼唤，也就是领导者将他人的利益置于自身利益和组织利益之上，并且会指引他人造福和服务社会。Mayer 和 Bardes（2008）认为服务型领导是一种关注下属（和其他利益相关者）需要，旨在帮助下属成长、发展和成功的一种领导风格。Yoshida 等（2014）指出，与领导者自身利益或者组织利益相比，服务型领导更加关注满足下属的利益，因此能够营造出一种安全、信任和公平的组织环境。

我国学者对服务型领导的概念也进行了界定。如朱玥和王晓晨（2015）认为，服务型领导是指将员工的需求、愿望和利益的满足置于首位，并以此为手段去领导下属的一种领导类型。田启涛和万君宝（2017）认为服务型领导是指充分贯彻以人为本理念，以服务于人及促进人的成长与发展为宗旨，在组织内部建立下属与领导、组织间的健康关系的一种领导方式。吴明证等（2017）认为服务型领导指的是通过尊重和重视追随者的利益，服务和培养追随者，来达到组织或者团队共同目标的领导方式。

综合国内外学者对于服务型领导的认识，我们可以归纳出服务型领导的几个关键特征。其一，服务型领导具有显著的利他导向，服务型领导首要关注的是他人的利益，而非自身利益或者组织利益；其二，服务型领导不仅关注下属的个人利益，也关注社会责任；其三，服务型领导是一个统合型的构念。比如说，它吸纳了伦理型领导的思想，将伦理行为作为一个重要维度；吸纳了变革型领导的思想，不仅考虑下属的需要，还将满足下属需要置于满足自身需要之上；而且，服务型领导也超越了领导成员交换理论的意涵，不仅仅是为下属提供工作范围内的支持，也会尽量满足下属工作范围之外的个人需要等（Liden，2015）。

二 服务型领导的测度

自格林里夫提出服务型领导的概念以来，很多学者对其内涵结构和测量方式进行了长期的探索。学者们对于服务型领导的测度主要是从其特征出发，代表性的研究成果如下所述。

Barbuto 和 Wheeler（2006）在进行文献回顾的基础上，认为服务型领导包括召唤（calling）、倾听（listening）、移情（empathy）、治愈（healing）、知晓（awareness）、说服（persuasion）、概念化（conceptualization）、远见（foresight）、代管（stewardship）、成长（growth）和社区建设（community building）等十一个特征，通过探索性因子分析以及信效度检验，发现服务型领导是一个五因子模型，即利他导向（altruistic calling）、情绪治愈（emotional healing）、敏锐聪慧（wisdom）、理性说服（persuasive mapping）和社会责任

(organizational stewardship) 等。

Hale 和 Fields（2007）认为要理解服务型领导的本质，需要把握好 3 个关键维度。一是服务（service），无论是对下属、组织还是社会，这个维度主要包括服务导向、下属发展、组织管理、下属授权、盟约关系、道德约束、帮助下属成长和下属优先等。二是谦逊（humility），将下属的成功置于领导者个人所得之上，这个维度主要包括关系型权力、利他取向、情绪治愈、重视信誉、真实自我和超然精神等。三是愿景（vision），开发一个组织成员共享的愿景，并与下属沟通，激励影响下属，这个维度主要包括智慧、有说服力的描述、为社区创造价值以及概念化技能，等等。

Liden 等（2008）以学生为调查对象，发现服务型领导可划分为情感治愈（emotional healing）、创造社区价值（creating value for the community）、概念技能（conceptual skills）、授权（empowering）、帮助下属成长（helping subordinates grow and succeed）、下属优先（putting subordinates first）和伦理表现（behaving ethically）等 7 个维度，并构建了一份包含 28 个题项的服务型领导测量问卷，代表性的测量题项包括：当我遇到难题时，我会向领导寻求帮助；我的领导会关注我的个人幸福；当我心情低落时，我的领导不用问我就能觉察到；我的领导强调回馈社区的重要性，等等。

Van Dierendonck 和 Nuijten（2011）对荷兰和英国的 1571 个不同职业背景人员进行了问卷调查，构建了测量服务型领导的 8 维度 30 题项问卷，其 8 个维度分别是：授权（empowerment）、承担责任（accountability）、提供支持（standing back）、谦逊（humility）、真实（authenticity）、勇气（courage）、人际接受（interpersonal acceptance）和社会责任（stewardship）。代表性的测量题项包括：我的领导会给我做好工作所需要的信息；我的领导鼓励我充分发挥聪明才智；我的领导会愿意承担风险和尽力而为；我的领导对于他的弱点比较坦诚；我的领导会从批评中吸取教训；我的领导有长期的远景规划，等等。

Mittal 和 Dorfman（2012）将服务型领导置于一种跨文化背景下开展了比较研究。他们认为服务型领导可以划分成为平等主义（egalitarianism）、道德正直（moral integrity）、授权（empowering）、移情（empathy）和谦逊（humility）5 个维度。研究发现欧洲国家更加强调平等主义和授权，南亚国家更看重移情和谦逊，道德正直在不同文化背景下并不存在显著的差异，这说明其具有较强的普适性。

近年来，我国学者也在探讨服务型领导的结构及其测量，并且取得了有效的成果，为服务型领导的后续研究奠定了基础。孙健敏和王碧英（2010）采用管理者—员工配对样本和管理者样本两组数据，对 Barbuto 和 Wheeler 于 2006 年所开发的服务型领导问卷进行了修订和检验，研究发现西方学者所开发的服务型领导测量问卷在我国情境下具有一定的适用性，具体包括利他主义、情绪抚慰、智慧启迪、说服引导和社会责任 5 个维度，每个维度包括 3 个题项，共计 15 个题项，并显示出了较好的信度和效度。吴维库和姚迪（2009）为了探讨服务型领导与员工满意度之间的关系，开发了以 Spears 总结的服务型领导十大特征为基础的测量问卷，该问卷包括 10 个维度 30 个题项，其维度包括：善于倾听、有同情心、抚慰心灵、自我认知、说服他人、有全局观、远见卓识、管家精神、培养他人和建设社区，问卷实测的 Cronbach α 系数值为 0.947，显示出良好的内部一致性。

现有研究除了关注企业等营利组织服务型领导的测量之外，近年来也有部分学者将研究的视角转移到服务型领导在公共部门的内涵结构以及具体表现。韩勇和陶建平（2011）认为，与我国政府组织的公益性、服务性相契合的是，服务型领导更能够反映出公共组

织的本质特征。因此，他们以西方学者现有关于服务型领导的特征
为参考，采访了广西地区的 177 名干部，通过行为描述的方式，经
过内涵特征集群分析，构建了适合我国公共部门情境的服务型领导
结构，具体包括 9 个维度，分别是：关爱群众、领导能力强、以人
为本、道德垂范、人际和谐、谦逊做人、倾听心声、遵纪守法和敬
业负责。此外，还有部分学者通过借鉴引用国外学者的测量量表，
检验了西方学者服务型领导测量方式的有效性，具体如表 2 - 1
所示。

表 2 - 1　　　　我国学者对于服务型领导结构与测量的探索

学者	服务型领导的维度（问卷题项数）	引用来源
邓志华等 （2012，2015） 赵红丹、彭正龙（2013）	情绪抚慰、理性说服、利他导向、智慧启迪、社会责任（24）	Barbuto & Wheeler（2006）
朱玥、王永跃（2014）	愿景、授权和服务（23）	Dennis & Winston（2003）
高中华、赵晨（2014） 林钰莹、许灏颖、王震（2015）	情感治愈、创造社区价值、概念技能、授权、帮助下属成长、下属优先和伦理表现（7）	Liden et al.（2008）
庄子匀、陈敬良（2015）	主动为他人服务、真实自我、契约关系、道德层面的责任感、超越精神和感染力（35）	Sendjaya et al.（2008）
朱玥、王晓辰（2015） 林文静、段锦云（2015）	和下属建立关系、授权、帮助下属成长、伦理表现、概念技能、下属优先、创造社区价值（14）	Ehrhart（2004）

三　服务型领导的影响因素

作为一种强调服务优先而非领导优先的领导风格，服务型领导
会受到人格特质、动机、领导经历等诸多因素的影响。如 Van Dier-
endonck（2011）认为个体特征，如自我决定（self-determination）、

道德认知水平（moral cognitive development）和认知复杂性（cognitive complexity），以及文化因素，如人本取向（humane orientation）和权力距离（power distance）等，会影响到服务型领导。Parris 和 Peachey（2013）通过对以往的研究文献进行系统梳理发现，探讨人口统计学特征对服务型领导的影响的研究相对较少，由于研究方法的局限性难以得出令人信服的结论，而且已有研究甚至还得出了相互矛盾的发现。比如说性别是一个影响服务型领导的主要因素吗？有研究发现男女性别之间存在显著的差异（Fridell et al.，2009），但也有学者发现二者之间并不存在明显的差异（McCuddy & Cavin，2009）。Barbuto 等（2014）以公共部门的雇员为例，从领导者和下属两个角度探讨了情绪智力（emotional intelligence）对服务型领导的影响。从领导者的角度而言，研究发现情绪智力与服务型领导的利他导向、情绪治愈、智慧启迪和社会责任四个维度显著相关；从下属的角度而言，研究却未曾证实情绪智力与服务型领导的相关性。Beck（2014）采用混合研究的方式探讨了服务型领导的影响因素。研究发现，服务型领导与领导者的领导工作经历（leadership experience）和志愿精神（volunteerism）正相关。

四　服务型领导的结果变量

除研究服务型领导的影响因素外，国内外也有部分学者进一步探讨了服务型领导的结果变量或者作用效果。一般而言，服务型领导涉及的结果变量可以分为工作态度、工作行为和工作绩效三个方面。

（一）工作态度

Schneider 等（2011）以志愿服务组织为例，探讨了服务型领导与变革型领导的差异。研究发现，服务型领导与变革型领导是高度正相关的，但是与变革型领导相比，服务型领导能够更好地预测组织成员的组织承诺、工作满意度等态度。Chan 和 Mak（2014）采用结构化的问卷调查探讨了服务型领导、下属对领导的信任以及工作满意度之间的关系，结果发现服务型领导与下属的工作满意度正相关，下属对领导的信任在其中起部分中介作用，并且受到员工在组织中工作年限的调节作用的影响。

（二）工作行为

Walumbwa 等（2010）采用跨层次研究探讨了服务型领导与组织公民行为（organizational citizenship behavior）之间的相互关系及作用机理。研究发现，服务型领导与组织公民行为正相关，并受到自我效能（self-efficacy）、主管承诺（commitment to the supervisor）、过程公平氛围（procedural justice climate）以及服务氛围（service climate）的部分中介作用的影响。Newman 等（2017）也从个体层面探讨了服务型领导对组织公民行为的作用机制。研究表明，服务型领导会正向影响下属的组织公民行为，领导成员交换在其中发挥着中介作用，下属的主动性人格发挥着调节作用。谭新雨和刘帮成（2017）以公共服务行业的员工为调查对象，发现服务型领导正向影响员工建言行为，心理所有权在二者之间发挥中介作用。

（三）工作绩效

Choudhary 等（2013）以组织学习为中介变量探讨了变革型领导与服务型领导对组织绩效的影响。研究发现，这两种领导风格都能通过组织学习的中介作用提高组织绩效，而且变革型领导的影响要强于服务型领导的影响。DeConinck 等（2017）以美国的销售人员为例，探讨了服务型领导对感知到的组织支持（perceived organizational support）、产出绩效（performance）、离职倾向（turnover intentions）和离职率（turnover）的影响。研究发现，服务型领导与组织绩效正相关，在一定程度上会受到感知到的组织支持的中介作用的影响。至于服务型领导与员工的离职倾向和离职率之间的关系则没有得到数据的有效证实。刘平青和史俊熙（2017）以 10 家高新技术企业的研发部门的管理者和下属配对数据，探讨了自我管理绩效的发生机制。研究发现，服务型领导能正向地激发员工自我管理绩效，工作倦怠在二者之间起部分中介作用。董霞等（2018）从社会交换理论和社会学习理论的视角出发，探讨了服务型领导对员工主动性顾客服务绩效（proactive customer service performance）的影响。结果发现服务型领导与员工主动性顾客服务绩效正相关，研究还进一步证实了工作投入（work engagement）在其中发挥的中介作用以及人际友好敏感性（sensitivity to favorable interpersonal treatment）的调节作用。

五　服务型领导研究述评

虽然格林里夫早在 1970 年就提出了服务型领导的概念，但是直到 2000 年之后，服务型领导才引起学者们的广泛关注，并由此产生了大量的研究成果。全心全意为人民服务是我国政府的使命和宗旨，探讨公共组织的服务型领导风格不仅在理论上是论证服务型领导风格普适性、拓展服务型领导研究范围的客观需要，在实践层面也是提升政府组织管理者的领导有效性和构建服务型政府的应有之义。但我国学界对于服务型领导的探索起步相对较晚，未来的研究可以从以下几个方面继续深入展开。

一是探索中国情境下的服务型领导的测量工具。以利登（Liden）为代表的西方学者开发了服务型领导的 7 维度测量问卷，并受到了多数学者的认同和使用。我国学者孙健敏、韩勇等人也一直在探索服务型领导在中国情境下的有效测量方式，并且已经取得了一定的成果。但是由于测量工具、文化情境以及适用范围的差异，这也要求进一步提升服务型领导的内容效度。特别是需要进一步讨论我国公共组织情境下的服务型领导的具体意涵及组成结构，可以通过扎根研究等方式，借鉴西方服务型领导的现有研究成果，对适合我国公共组织实际的服务型领导测量进行重构，从而提升我国公共组织服务型领导的测量有效性。二是深入挖掘服务型领导的影响机制。服务型领导对于工作态度、工作行为以及工作绩效的影响已经得到了许多学者的关注和证实，但是在影响机制上需要进一步发掘，比如说引入公共服务动机、心理授权等中介变量，尝试不同的解释逻辑。三是优化服务型领导主题的研究设计。现有的相关研究大多采用的是来自员工自我报告式的横截面数据，具有较大的局限性。未来研究在测量方式上可以采用领导下属配对方式，在研究设计上可以尝试采用纵向研究、案例研究、实验研究等多种研究方法，以丰富现有的研究成果。四是重视服务型领导研究的实践价值。服务型领导这一概念对于我国政府组织的话语体系或者管理方式具有较大的契合性，探讨服务型领导概念在我国政府组织中的使用具有较大的实践价值。比如说，在公共部门管理实践中，如何将服务型领导用于公务员的选拔、考核与晋升，从而更好地提高政府部门的管理水平，积极建设服务型政府等，这都是未来值得关注的热门话题。

第四节　家长式领导

一　家长式领导的起源

领导理论一直以来都是管理领域长盛不衰的热门话题，从早期的领导特质理论、领导行为理论，再到领导权变理论，领导理论经历了长期的发展与完善。近年来，变革型领导、魅力型领导、伦理型领导、诚信型领导等领导理论吸引了学者们的大量关注，相关的研究成果也如汗牛充栋。然而，这些领导理论都是在西方背景下提出的舶来品，对于解释我国管理实践容易水土不服。20 世纪 60 年代，塞林（Silin）通过对台湾的一家私营独资企业开展个案研究，发现该企业的老板和经理人的领导风格与西方存在较大差异，所采用的是类似管理家庭成员的方式。虽然他在此时并没有明确地提出"家长式领导"的概念，但是家长式领导的概念已经呼之欲出了。随后，Westwood（1992，1997）针对华人家族企业提出了家长式首脑模式（model of paternalistic headship），并指出家长式首脑包含教诲式领导、重视声誉、维持支配权、社会权力距离大等9种特定的领导作风。到了20世纪八九十年代，一批本土华人学者对家长式领导进行了系统和深化的研究，台湾学者郑伯埙通过对台湾私营企业主进行观察与访谈，得出了与塞林、Westwood等学者相似的研究结论，并在其后对如何测量家长式领导这一议题进行了持续探索。家长式领导的产生与儒家思想有着深厚的渊源，儒家思想认为领导者应该具备家长式的控制与威权，强调互助和互惠，同时还应该通过坚守忠孝之道培养品行，这也预示着家长式领导可能在华人背景下表现更为突出（Zhang et al.，2015）。Aycan（2001）也指出，家长式领导这一领导风格在诸如中国、日本、印度和韩国等传统的东方国家比较盛行。关于家长式领导的内涵，不同的学者观点并不一致，如表2-2所示：

表2-2　　　　　　　　　　　家长式领导的内涵表述

研究者	定义
Sinba（1990）	家长式领导同时包含了仁慈和威权，这与传统社会中的父亲形象是一致的，既表现出培养、关怀和信赖，又表现出威权、苛求和严格的纪律性
Westwood 和 Chan（1992）	家长式领导是一种将强有力的威权与关心关怀相结合的一种领导方式
郑伯埙等（2004）	家长式领导是在人治的氛围下，将强有力的纪律与威权、父亲般的仁慈以及道德正直结合起来的一种领导方式
Aycan（2006）	家长式领导关注下属的福利，领导者显示出对下属真诚的关心和爱护，下属出于对领导者仁慈的回报，会表达出忠诚和感激

在郑伯埙的早期研究中，他根据观察与访谈，归纳出家长式领导主要包括立威和施恩两个大的维度，也就是说早期的家长式领导是一个二元模型。其中，立威方面包括专权作风、贬损部属能力、形象整饰与教诲行为，相对应部属会表现出顺从行为、服从行为、敬畏行为与羞愧行为；施恩方面包括个别照顾与维护面子，部属相应表现出感恩与图报行为。随后，郑伯埙（2000）参考其与庄仲仁在研究军队基层领导行为效能时的发现，进而增补了德行这一维度，并引入了凌文辁 CPM（Character and Moral，Performance，Maintainance）领导行为评价量表中的 C 分量表，由此整合成了家长式领导的三维模型，即仁慈领导（benevolent leadership）、德行领导（moral leadership）与威权领导（authoritarian leadership），与此相对应的部属表现出的是感恩图报、认同效法以及敬畏顺从，如图 2-3 和图 2-4 所示。

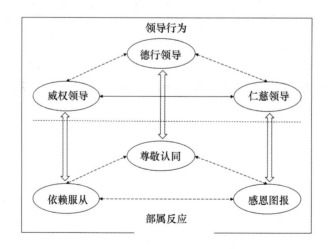

图 2-3 家长式领导的初步模型

资料来源：樊景立、郑伯埙：《华人组织的家长式领导：一项文化观点的分析》，《本土心理学研究》2000 年第 13 期。

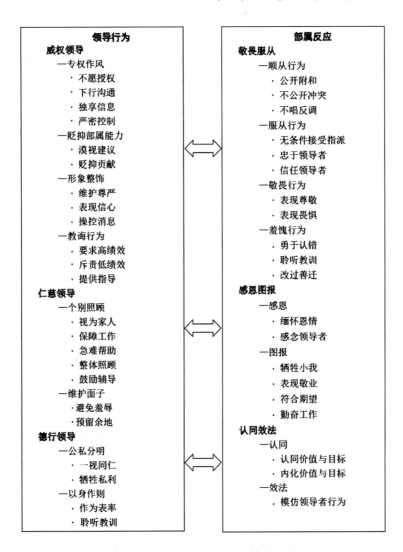

图2-4 家长式领导行为与部属反应

资料来源：樊景立、郑伯埙：《华人组织的家长式领导：一项文化观点的分析》，《本土心理学研究》2000年第13期。

二 家长式领导的结构和测量

关于家长式领导的结构，除了以郑伯埙为代表的学者将其划分为仁慈、德行和威权3个维度外，还有其他学者开展了进一步的探讨。Aycan（2006）依据上下级之间的态度和行为将家长式领导划分为开发型领导（exploitative paternalism）、仁慈领导（benevolent paternalism）、独裁型领导（authoritarian approach）与权威型领导（authoritative approach）四种类型。其中，权威型领导主要产生于领导者对下属的控制，但其目的在于提高下属的福利，因此下属出于对领导者的回报就会表现出尊敬以及服从。Farh 等（2008）根据家长式领导的仁慈、德行和威权这三个维度的强弱关系差异，将家长式领导划分成为八种不同的类型，即：明主型、帮助型、清官型、霸主型、仁主型、溺爱型、德范型和庸主型，进一步丰富了家长式领导的内涵结构。

在提出家长式领导的三元理论模型之后，郑伯埙（1995）通过观察、访谈，以及参考其他学者的研究成果开发了家长式领导的测量问卷（Paternalistic Leadership Scale，PLS）。其中，仁慈领导包括11 个题项，德行领导包括 9 个题项，威权领导包括 13 个题项，并且在学校或是企业的调查中，这一问卷的 3 个分量表都表现出了较好的内部一致性和建构效度。Cheng 等（2003）在仁慈、德行和威权 3 个维度的基础上，构建了包含 15 个题项的家长式领导测量问卷，其设计的问卷题项包括：我的领导制定所有决策；我的领导关心我的日常生活等。3 个维度的信度系数分别达到了 0.70、0.90 和 0.93，显示出了较好的可信度。Aycan（2006）开发了 5 个维度 21 个测量项的家长式领导测量问卷。这 5 个维度具体包括：创建家庭般的工作环境（creating family environment in workplace）、与下属建立亲密的个人关系（establishing close and personalized relationships with subordinates）、参与下属工作之外的生活（getting involved in employees' non-work lives）、期待忠诚（expecting loyalty）、保持权威和地位层级（maintaining authority and status hierarchy）。务凯和赵国祥（2009）在前人研究的基础上，探讨了中国大陆地区家长式领导的结构及其测量方式。他们采用文献分析、专家访谈和调查问卷相结合的方式，编制了适合中国大陆地区的家长式领导问卷，通过测量和分析，最后形成了一份包含3个维度30个题项的家长式领导问卷。其3个维度与郑伯埙、樊景立等学者的研究结论类似，即德行领导（包括12个题项）、仁慈领导（包括9个题项）和威权领导（包括9个题项）。

三　家长式领导的影响因素

作为一种带有鲜明东方文化色彩的领导风格，家长式领导会受到哪些因素的影响呢？已有学者对此进行了探讨。张振刚等（2013）在对家长式领导的现有研究进行文献梳理的基础上，归纳了个体特征因素和组织情景因素这两个前因变量。其中，个体因素包括性别因素、员工价值取向、主管的利他主义以及对部属顺从和畏惧的知觉等；组织情景因素包括共事时间、组织环境和组织价值观等。刘善仕和凌文辁（2004）通过实证研究，探讨了员工价值观对于家长式领导接受程度的影响。结果发现，当员工在观念上趋向集体取向和家族取向，而又愿意接受家长式的领导，那么就有助于提高家长式领导的有效性。林姿葶和郑伯埙（2009）以研究60家中国台湾地区企业的管理者和员工为例，探讨了家长式领导的影响因素。结果发现，男主管和女主管所表现出的家长式领导行为并不存在显著的差异，而共事时间则影响显著，具体而言，女主管针对男下属的威权领导会随着共事时间的不断增加而表现得更为明显。

四　家长式领导的结果变量

在开发出家长式领导的测量问卷之后，学者们比较广泛地应用这一问卷来探讨家长式领导的效能以及其具体的影响机制。作为一种三元领导结构，学者们对于家长式领导的结果变量一般是从仁慈、德行和威权3个维度进行分别讨论。具体而言，家长式领导涉及的结果变量可以划分为工作态度、工作行为和工作绩效三个方面。

（一）工作态度

现有的相关研究主要集中在家长式领导与工作满意度、组织承诺、组织公正感等相关变量的关系探讨。周浩和龙立荣（2007）以企事业单位员工为调查对象，对家长式领导与组织公正感之间的关系进行了探讨。研究发现，仁慈领导和德行领导与组织公正感的各维度（分配公正、程序公正、领导公正和领导解释）显著正相关；但威权领导却与领导公正负相关。Pellegrini 等（2010）为了探讨家长式领导的情境差异，对美国和印度两种不同文化情境下的雇员开展了对比研究。结果表明，在两种文化情境下，家长式领导都与领导成员交换和组织承诺正相关，但是家长式领导与工作满意度之间的关系在印度是正相关的，在美国的调查中却发现并不显著。Öge等（2018）以空管局为例，发现家长式领导可以通过工作投入的完全中介作用，减少员工工作场所的孤独感（workplace loneliness）和工作家庭冲突（work family conflict）。

（二）工作行为

已有研究表明，家长式领导有利于促进员工建言（周浩、龙立荣，2011；段锦云，2012；田在兰、黄培伦，2014；张燕等，2015；务凯等，2016；Chan，2014）。段锦云（2012）采用上下级配对数据样本研究发现，德行领导与员工建言行为正相关，而威权领导则对员工建言有消极影响，研究还发现了心理安全感在二者之间的部分中介作用。Chan（2014）也采用领导下属配对数据探讨了家长式领导对员工建言行为的影响，得出了与段锦云一致的研究结论，研究还发现当员工感觉到较高的信息共享（information sharing）时，德行领导更有利于激发员工建言行为。务凯等（2016）采用层次回归分析和 Bootstrap 技术发现，家长式领导与员工建言行为表现出显著的相关性。而且，领导成员交换仅仅在家长式领导中的德行

领导这一个维度与员工建言行为之间起中介作用。张永军等
（2017）探讨了家长式领导对员工亲组织非伦理行为（unethical
pro-organizational behavior）的影响。研究发现，威权领导对员工亲
组织非伦理行为有显著的正向影响，德行领导与亲组织非伦理行为
呈倒"U"形曲线关系，并受到传统性（traditionality）的调节作用
的影响。

（三）工作绩效

家长式领导对员工工作绩效的影响受到了学者们的广泛关注。
杨国亮和卫海英（2012）采用模拟情景实验的方式，比较了家长式
领导的 3 个维度对组织创新绩效的影响差异。研究发现，在一般情
境下，仁慈领导和德行领导对组织创新绩效的影响会强于威权领
导，但是在高社会责任取向下，威权领导对组织创新绩效的积极影
响更强，而在低社会责任取向下，威权领导的消极影响更强。王甜
等（2017）采用元分析的方式探讨了家长式领导的有效性。通过对
家长式领导有效性相关的 87 篇文献进行总结发现，仁慈领导是最
为有效的领导方式，威权领导一般起负作用。Chen 等（2014）从
社会交换理论的视角出发，探讨了家长式领导对员工绩效的影响。
通过对台湾 27 家公司的问卷调查发现，仁慈领导和德行领导都与
员工绩效正相关，威权领导与员工绩效负相关。

五　家长式领导研究述评

作为一种强调"立威"和"施恩"两大特点的领导风格，家
长式领导普遍存在于亚太、中东和拉美地区（Aycan，2006；Cheng
et al.，2014）。随着郑伯埙和 Aycan 等学者对家长式领导的持续
关注，围绕家长式领导的影响因素、结果变量以及作用机制等
内容吸引了国内外学者的大量探讨，且成果颇丰。但是我们仍
需要清楚地认识到，家长式领导作为东方文化色彩鲜明的领导

风格，无论是在理论探索方面还是在实证研究方面都还需要进一步的挖掘。

一是家长式领导究竟是一个整合的独立构念还是三个相互独立的构念需要进一步厘清。研究发现，家长式领导的德行领导和仁慈领导正相关，威权领导与德行领导、仁慈领导负相关，这在一定程度上影响了家长式领导的聚合效度以及区分效度（张君、孙健敏，2017）。二是现有家长式领导的内涵还需要进一步明晰。比如现有的家长式领导理论框架对领导者的能力要素缺乏足够的重视，片面强调威权领导的消极作用，却没有认识到威望和威信潜在的积极作用（曾垂凯，2011；张振刚等，2013），家长式领导的内涵有待拓展。三是家长式领导的研究方法需要进一步加强。现有的关于家长式领导的相关研究都是以横截面研究为主，是从静态的角度探讨家长式领导的影响作用。未来可以采用纵向研究、实验研究等研究方法，通过多种研究方法的交互印证来更加全面地探讨家长式领导的作用机理。四是家长式领导的适用范围有待进一步拓展。从家长式领导的产生得知，它主要根植于华人背景，但是在一些具有类似文化背景或者文化差异比较大的国家也可以发现这种独特的领导风格。而且，现有的相关研究也主要集中于中国大陆、中国台湾、土耳其等地区，研究范围相对狭窄。因此未来研究需要注重拓宽家长式领导的研究范围，尝试去检验家长式领导在不同文化背景下的有效性和解释力。

第五节　公共服务动机

一　公共服务动机的概念

公共服务动机（Public Service Motivation，PSM）在过去 25 年多来引人注目，并且正成为一个国际化的、跨学科、跨部门的热门话题（Brewer & Neumann，2016）。瑞尼（Rainy）（1982）被认为是第一个对公共服务动机进行研究的学者，他在比较公共部门和私营部门的管理者在评价他们愿意投入有意义的公共服务这个问题时发现，公共部门管理者的得分要明显高于私营部门的管理者。随后，Perry 和 Wise（1990）在瑞尼（Rainy）所做研究的基础上，将公共服务动机描述为"个人受主要或完全基于公共制度与组织的动机所驱使的倾向"。Vandenabeele（2007）提出要建构一个更具包容性的公共服务动机概念，比如说将伦理和角色等因素考虑进来。因此将公共服务动机定义为："一种超越个人利益和组织利益的信念、价值观和态度，关注更大的政治实体利益和激励个体按照恰当的方式采取行动。"国内也有李小华、曾军荣、朱春奎、王浦劬等学者对公共服务动机的相关概念进行了系统研究。已有研究指出公共服务动机体现了利他性，是个体所具有的公共精神，表现在为公共事务服务的信念和意识（王浦劬、杨晓曦，2017）。

二　公共服务动机的结构与测量

作为较早研究公共服务动机的学者，佩里（Perry）不仅率先对公共服务动机的概念进行了明确的界定，他还以 Knoke 和 Wright-Isak（1982）有关动机的三类划分为基础，分别阐释了公共服务动机的三种潜在基础，分别是理性动机、基于规范的动机和情感动机，如表 2 - 3 所示。在此基础上，佩里构建了公共服务动机的 4 个维度模型，分别是：政策制定的吸引（attraction to policy making）、公共利益的承诺（commitment to the public interest）、同情心（compassion）和自我牺牲（self-sacrifice）。

表 2 - 3 公共服务动机的结构

类型	含义	内容
理性动机 （Rational）	个人效用最大化	参与政策形成过程 公共项目的承诺 特殊或个人利益的倡导
规范动机 （Norm-based）	遵守规则	服务公共利益的愿望 对职责和政府忠诚 社会公平
情感动机 （Affective）	情感回应	基于项目的社会重要性而真诚地热爱 仁慈的爱国主义

资料来源：Perry J. L. , Wise L. R. , "The Motivational Bases of Public Service", Public Administration Review, Vol. 50, No. 3, 1990。

佩里开发的 4 个维度 24 题项量表一经发表，就受到了许多学者的关注和应用，在实践中也出现了一些问题。比如说，该量表适用于测量美国环境下的公共服务动机水平，但是应用到其他环境中时就丧失了一定的测量效度（Vandenebeele, 2008），而且该量表的测量项目太多，在大规模的问卷调查中容易带来不便，所以也有一些学者仅选择了其中某一个维度或几个维度进行测验，因此开发一个简化的公共服务动机测量量表显得尤为必要（Wright & Pandy, 2005；Kim, 2005）。Vandenabeele（2008）对佩里开发的公共服务动机测量量表进行了改进，通过文献研究和访谈，建立了一份包括对政治和政策的关心（interest in policy and politics）、公共利益（public interest）、同情心（compassion）、自我牺牲（self-sacrifice）、客户导向（client-orientation）、公平（equality）和官僚主义价值观（bureaucratic values）的 7 个维度量表，最后通过验证性因素分析的结果，增设了民主治理（democratic governance）这一维度。Kim 等人（2013）则将公共服务动机置于一个更加广阔的背景下进行了讨论，他们采用系统的研究路径，集合了来自不同国家的公共服务动机研究学者的努力，开发了一份公共服务动机测量问卷，并在中国、美国、英国、澳大利亚、法国、韩国等 12 个国家实施了大规模的问卷调查，最终构建了一份包含 4 维度 16 题项的公共服务动机测量量表。研究还发现，公共服务动机的各维度在不同的文化或者语言情境下表现出了明显的差异。

国内也有部分学者对公共服务动机的结构与测量进行了探讨。李锋和王浦劬（2016）以佩里起初确定的公共服务动机 6 维度为基础，还结合近年来中国内地、中国香港和韩国等地问卷调查以及中国特定政治文化的考量，建立了一份包含 52 题项的公共服务动机问卷。通过验证性因素分析，确立了包含社会公正、公民责任、自我牺牲和同情心的 4 维度 25 题项问卷。包元杰和李超平（2016）以 Kim（2013）开发的公共服务动机跨文化量表为基础，通过标准的"翻译—回译"程序和统计分析，建立了 8 题项的公共服务动机测量量表，显示出了较好的信度和效度，对于推动我国公共服务动机的相关研究提供了较好的参考和借鉴。

三 公共服务动机的研究现状

近年来，公共服务动机已经成为公共管理学界炙手可热的话题，每年发表或出版的论文著作层出不穷，既有学者关注公共服务动机的影响因素，也有学者关注其具体的影响机制。

（一）公共服务动机的影响因素

在影响因素方面，现有研究主要可以归结为个体因素、工作相关因素以及文化因素等。个体因素包括个体的性别、年龄、收入水平、受教育程度和性格特征等；工作相关因素包括工作性质、角色状态、工作感知、领导风格、工作专业化程度以及领导成员关系等（方振邦、唐健，2014）。DeHart-Davis 等（2006）以佩里的公共服务动机 4 维度量表为基础，调查发现女性在同情心和政策制定的吸引这两个维度上的得分要高于男性，性别对公共服务的承诺这一维度的影响则没有表现出显著差异。Moynihan 和 Pandy（2007）也对公共服务动机的前因变量进行了探讨。研究发现，公共服务动机与个体的受教育水平、组织的专业化程度正相关，繁文缛节（red tape）以及组织成员的任职年限会削弱个体的公共服务动机水平等。李锋和王浦劬（2016）以中国基层公务员为例，探讨了公共服务动机的结构与前因。研究发现，教育背景、组织环境与公共服务动机都表现出一定程度的相关性。具体而言，女性、教育程度高、处于领导职务的公务员更可能具备较高的公共服务动机，权责明确以及良好的上下级关系有利于提高个体的公共服务动机，而政府层级则对公共服务动机没有显著的影响。王亚华和舒全峰（2018）以中国乡村干部为研究对象，发现乡村干部的公共服务动机水平在年龄上呈倒"U"形特征，性别、学历及职务对公共服务动机都没有显著的影响。

Kim（2017）基于霍夫斯泰德的文化维度理论，探讨了国家文化背景对公共服务动机的影响。研究发现，男性主义（masculinity）和自身放纵（indulgence）与个体的公共服务动机正相关，个体主义（individualism）与公共服务动机负相关，权力距离（power distance）和不确定性规避（uncertainty avoidance）则与公共服务动机没有表现出显著的相关性。此外，还有一些相关研究也发现了收入水平、性格特征、工作性质、领导风格等对公共服务动机的影响（Camilleri et al.，2007；张廷君，2012；Chyi-Lu，2012；Bogh Andersen & Kjeldsen，2012）。

（二）公共服务动机的结果变量

迄今为止，学者们的现有研究大量探讨了公共服务动机与工作态度、工作行为以及工作结果的关系，并对其影响机制进行了比较深入的探讨。

　　在工作态度方面，公共服务动机对员工工作态度的影响主要表现在工作满意度（job satisfaction）和组织承诺（organizational commitment）等方面。实证研究表明，当个体的公共服务动机越高时，也同时表现出更高的工作满意度和组织承诺（Perry & Wise，1990；Pandey & Stazyk，2008）。研究还发现，较高的公共服务动机不仅能够提升员工的工作满意度，还有助于增强其对组织发展的信心（Brewer，1998；Naff，1999；Houston，2005；Taylor，2007；Liu，Tang & Zhu，2008；Jonathan，2010；吴绍宏，2010；祝军，2013）。林琼和熊节春（2018）研究发现，公务员的公共服务动机水平越高，越可能激发其工作成就感，从而可以有效降低工作倦怠。

　　在工作行为方面，已有研究表明，公共服务动机与员工离职行为（employee turnover behavior）、组织公民行为（organizational citizenship behavior）等方面表现出较强的相关性。邱茜（2017）通过对山东省284名处级以下公务员的问卷调查发现，公共服务动机会正向促进公务员的组织公民行为，组织认同在二者之间发挥着中介作用，而且公务员的人格特质能够调节公共服务动机与组织认同的关系进而影响其组织公民行为。谭新雨和汪艳霞（2017）基于社会学习理论、自我决定理论等，探讨了公共服务动机在服务型领导与公共部门员工建言行为之间所发挥的中介作用。结果发现，具有较高公共服务动机水平的公务员会更加积极地建言献策以及承担建言献策中的风险。

　　在工作绩效方面，目前较大多数研究都证实了公共服务动机与个体绩效正相关，主要表现在两个方面。一是直接相关，即公共服务动机水平越高的人员拥有越好的绩效表现（Naff，1999；Brewer & Selden，2000；Lewis & Frank，2002；Kim，2005；李小华、董军，2012）；二是间接相关，即二者之间的作用效果会受到个人—组织匹配和工作满意度等中介调节变量的影响（Alonso，2001；Bright，

2007；Leisink & Steijn，2008；Vandenabeel，2009）。Wright 等（2017）采用面板数据探讨了公共服务动机对个体职业选择与工作绩效的影响。结果发现，公共服务动机较强的大学生毕业后更倾向于选择在公共部门就业。但是公共服务动机对个体绩效的影响关系却未曾得到数据的支持。

四 公共服务动机研究述评

评价一个学科是否处于领先地位的主要依据就是其是否能够提出原创理论的能力。公共服务动机理论可谓公共管理领域少有的达到此标准的理论代表（Brewer，2013；Perry & Vandenabeele，2015）。自 20 世纪 90 年代佩里和怀斯首次提出公共服务动机这个概念以来，公共服务动机就吸引了业界的广泛关注，近年来的相关研究文献如雨后春笋般不断涌现，在公共服务动机的影响因素、结果变量以及作用机制等方面积累了十分丰硕的成果，但是还存在一些局限值得未来进一步挖掘和探讨。

一是公共服务动机的概念和操作化问题。佩里在 1990 年就提出了公共服务动机的概念，并开发了一份用于测量公共服务动机的四维度量表，为推动公共服务动机理论的逐渐深化奠定了基础。但是公共服务动机的概念及其结构至今仍然存在较大争议。二是公共服务动机的测量问题。首先是这种自我报告式的测量问卷容易受到社会期望效应的主观偏差影响，不一定能够准确地反映个体公共服务动机水平的真实表现；其次从测量的手段来看，已有研究大多还是以横截面的静态数据为主，未来可以尝试采用实验研究、纵向研究等公共管理学科之外的研究方法来弥补现有的研究缺陷（Bellé 2013，2014；Brænder & Andersen 2013；Kjeldsen & Jacobsen 2013）。三是公共服务动机的作用机制探讨有待深化。作为一种发源于西方文化的舶来品，公共服务动机在中国情境下的检验还需加强，比如说尝试探讨家长式领导、中华传统文化、我国特有的政治经济文化体制与公共服务动机之间的关系等等。四是公共服务动机的实践意义挖掘问题。公共服务动机水平较高的公务员能够更好地处理工作中的各种压力，减轻压力带来的负面影响（Christensen et al.，2017）。但是如何将公共服务动机与政府组织管理结合起来，现有研究尚未足够关注。Paarlberg 和 Lavigna（2010）抛出疑问："如何将新的公共服务动机研究转化为有效的管理实践？"Ritz 等（2016）也指出公共服务动机还没有与公共部门的人力资源管理实践有效地结合起来。公共服务动机现有的相关研究过多地聚焦于公共服务动机相关的理论探讨，而忽视了其实践价值的深入发掘。比如说如何将公共服务动机与公务员的选拔录用决策、绩效管理、薪酬激励结合起来，公共组织如何提升公务员的公共服务动机水平等，这些都是值得未来关注的热门话题。

第六节　差错管理氛围

一　差错管理氛围的概念

差错指的是偏离预期的目标、标准、行为准则、真相或者某些真实价值观的无意识的行为（Merriam-Webster，1967）。组织处理差错的方式可以分为差错防范（error prevention）与差错管理（error management）两种。差错防范是指在工作中试图通过防范差错的发生来达到组织目标或完成任务，以避免不良后果发生的组织制度与实践（洪自强，2000；Van Dyck et al.，2005）。差错管理则是从一种积极的角度来看待差错，认为可以通过对差错的学习来吸取经验教训，及时有效地处理差错所带来的不利后果，使差错带来的损失尽量最小化，并且尽量避免类似差错的再次发生（Frese，1995；Guchait et al.，2012）。一味地强调差错的预防而忽视对差错的有效管理具有很大的局限性，因为要完全清除差错几乎是不可能的事情（Garud et al.，1999；Reason，1997）。但这并不意味着面对差错我们就无能为力，我们可以采取有效的差错管理策略使差错的发生朝向积极的方向转变。比如说，可以通过对差错的有效分析找到差错的发生根源，通过对差错的及时处理可以尽量减少差错的损失，通过对差错的学习可以尽量避免差错的再次发生等等。

差错管理氛围（error management climate）是组织管理差错的一系列共同的信念、规则以及实践（Van Dvck et al.，2005）。王重鸣和洪自强（2000）认为差错气氛是指组织成员处理差错的方式方法，而差错管理气氛则是指那些支持差错管理策略的实践和程序。差错管理氛围强调行动导向、创新导向以及试验导向，其核心在于组织成员如何认识差错以及如何对待差错（Frese & Keith，2015）。Gold 等（2014）将差错管理氛围分为开放导向型（open）和问责导向型（blame-oriented）。开放导向型强调差错报告用于组织学习，而问责导向型则关注个体的有错必罚。尹奎等（2016）将差错管理氛围定义为：组织中与差错有关的旨在最小化差错消极结果与增进差错积极作用的共同实践与程序。差错管理氛围强调对差错的事后控制，它是从积极的角度来看待差错，体现了组织控制与学习的双重目标。

二 差错管理氛围的测量

截至目前，学界对于差错管理氛围的测量可以分为广义和狭义两类。广义的差错管理氛围既包括支持差错管理的积极氛围，也包括阻碍差错管理的消极氛围，如 Rybowiak 等（1999）开发的个体差错取向问卷（Error Orientation Questionaire，EOQ），包括差错能力（error competence）、差错学习（learning from errors）、差错风险（error risk taking）、差错紧张（error strain）、差错预计（error anticipation）、差错掩盖（covering up errors）、差错沟通（error communication）与差错思考（thinking about errors）8 个维度。王重鸣和洪自强（2000）认为这一量表太过细致，因此通过因素分析，将其划分为差错掌握、差错预测和差错压力 3 个维度，3 个维度的内部一致信度分别为 0.92、0.78 和 0.82，显示出较好的信度水平。

狭义的差错管理氛围则仅包括支持差错管理的积极氛围。Van Dyck 等（2005）开发了 17 个题项的差错管理氛围问卷。该研究认为组织的差错管理氛围可以从以下 7 个方面来进行衡量：沟通差错（communication about errors）、分享差错有关的知识（sharing error knowledge）、差错中的支持（helping in error situations）、差错的迅速诊断与损害控制（quick error detection and damage control）、分析差错（analyzing errors）、协作处理差错（coordinating error handling）以及有效的差错应对（effective error handling）等。

三 差错管理氛围的研究现状

在王重鸣和洪自强在 21 世纪初就差错管理氛围开展初步研究之后，其后的相当长时间内这个话题并没有引起国内太多学者的关注。一直到了 2011 年之后，这一话题才又重新回到了学者们的研究视野，主要是围绕差错管理氛围的结果变量展开，而关于差错管理氛围的影响因素的探讨则相对较少。

在差错管理氛围的影响因素方面，现有研究发现领导风格、组织的人力资源管理实践等因素会产生影响。尹润峰和朱颖俊（2013）依据组织行为学的相关理论，在探讨绩效考核目标取向对员工创新行为的影响机制时发现，发展型绩效考核取向与差错管理氛围正相关，评价型绩效考核取向与差错管理氛围负相关，从而论证了发展型绩效考核对于促进差错沟通、差错分享和差错学习的重要性。李江涛和王亮（2018）以自我决定理论为基础，分析了包容型领导对企业商业模式创新的作用机制。结果发现，包容型领导可以在组织中塑造良好的差错管理氛围，而且包容型领导可以通过差错管理氛围间接影响企业商业模式创新。

在差错管理氛围的结果变量方面，现有研究主要探讨了差错管理氛围与组织绩效、组织创新的关系。Van Dyck 等（2005）以在荷兰和德国分别开展的两项研究发现，组织的差错管理文化与组织目标实现和客观的经济指标都显著相关，因此可以将组织的差错管理作为改进组织绩效的一种手段。王重鸣等（2008）随后探讨了创业者差错取向的绩效作用，他们将差错管理氛围分为了差错胜任、差错沟通以及差错学习 3 个维度。结果发现差错氛围的各维度对创业绩效的作用路径均不显著。杜鹏程和黄志强（2016）研究发现，差错管理文化与员工的任务绩效和关系绩效都具有显著的正相关性，而且差错管理文化既可以直接影响员工的双元绩效，也可以通过组织认同的中介效应来影响员工绩效。值得一提的是，随着近年来创新对经济发展、社会进步、企业成长的作用日趋凸显，很多学者开始将差错管理氛围的结果变量转移到组织创新与员工创新等方面。研究表明，组织如果具有良好的差错管理氛围，就会允许员工犯错，鼓励组织成员就差错进行交流和学习，从而有利于激发员工的创新行为，推动组织创新（李忆等，2013；杜鹏程等，2015；尹奎等，2016；周晖等，2017；赵斌、徐璐，2018）。Cigularov 等（2010）以美国的建筑工人为调查对象实施了一次跨层次研究。结果表明，安全沟通（safety communication）和差错管理氛围是影响员工安全行为（safety behaviors）与工作相关的不适（work-related pain）的重要因素。Guchait 等（2016）以土耳其的一线员工为调查对象，发现差错管理氛围能够提高群体凝聚力，从而减轻员工的工作压力和离职倾向。

差错管理氛围是组织中关于差错沟通、诊断、分析与修正的一系列规则和实践。从短期而言，差错可能会给组织带来不同程度的损失，但是从长期来看，如果组织用一种积极的态度来看待差错，从差错中学习，就可以将差错向对组织有利的方向转化。通过对差错管理氛围的相关文献进行梳理，发现近年来的差错管理氛围虽然取得了不少成果，但是还存在一些可待挖掘之处。一是差错管理氛围的概念需要进一步明晰。现在关于差错管理氛围的概念涉及差错管理氛围、差错管理文化、差错管理气氛等，这些概念的内涵外延有何差异，是否存在混淆等都值得关注。二是差错管理氛围的维度需要进一步探索。学界现有的关于差错管理氛围测量维度有两维度（李忆等，2014）、三维度（王重鸣等，2000）甚至八维度（Rybowiak et al.，1999）等多种划分方式，不同划分方式不仅不利于概念与内涵的统一，也不利于不同研究之间的印证和比较。三是差错管理氛围的理论构建需要进一步深化。现有的相关研究聚焦于探讨差错管理的结果变量，但是对于哪些因素会影响到组织的差错管理氛围尚缺乏足够的讨论，而且差错管理氛围对于组织效能、组织绩效、组织创新等结果的影响虽然文献较多，但具体的影响机制还有待发掘，比如说领导因素、动机因素、文化因素等，未来研究都可以适当拓宽差错管理氛围的研究范围。

第七节　心理授权

一　心理授权的概念

"授权"这一概念最早来自"参与式"管理理论，是指管理者与下属进行权力分享（巩振兴、张剑，2015）。授权的概念自提出以来，就一直受到学者和管理者的关注和重视。一般认为，授权可以分为管理授权和心理授权。管理授权指的是组织采取的一些赋予员工权力的管理实践，而心理授权（psychological empowerment）则是从员工的角度看待授权，关注员工对于授权的心理体验（Spreitzer，1995）。Thomas 和 Velththouse（1990）认为心理授权是一系列提高个体内在任务动机的认知综合体，单一的概念难以把握其本质。他们进而提出心理授权包括 4 个基本维度：影响（impact）、自我效能感（self-efficacy or competence）、意义（meaningfulness）和自我决定（choice or self-determination）。影响指的是个体对于实现任务目标或者在任务环境中产生期望结果所发挥的影响力大小；自我效能感是个体对于其熟练完成某项任务活动的能力的自我评价；意义是指个体基于自己的理想或者标准，而对所从事的任务目标或者目的的价值判断。简言之，其指的就是个体对于完成既定工作任务的内在关心程度；自我决定则是个体所感知到的对其行为的自我决定程度。

我国学者对心理授权的概念也进行了探索。如孙春玲等（2018）认为，心理授权是个体的心理感知或心理认知，是个体自身所从事的工作价值感、影响力、责任感以及在组织中的重要性的心理状态，包括能力、信念和工作等方面的感受，是一种非正式的内在激励。为了准确地理解心理授权的概念，还需要注意把握它的几个基本特征。一是心理授权不是一个稳定的、普遍的跨情境个性特征，会随着工作情景的变化而变化；二是心理授权是一个正向的概念，能够导致积极的工作角色导向；三是心理授权是一个内在动机的概念，是内在动机理论的有效补充（刘云、石金涛，2010）。

二　心理授权的测量

心理授权的概念提出之后，为了进一步探讨它的影响因素及作用机制，学者们对于如何来测量心理授权这一议题也展开了探索。其中，最为广泛使用的就是 Spreitzer（1995）以 Thomas 等（1990）提出的心理授权模型为基础，所开发的包含意义、自我效能感、自我决定和影响的 4 个维度 12 题项问卷。这份问卷受到了国内外学者的一致认可和广泛使用，代表性的测量题项包括：我所从事的工作对我而言很重要；我很自信完成工作所需具备的能力；我有很大的自主性可以决定来如何做好工作；我对发生在本部门的事情影响很大等等。Menon（2001）遵循标准化的量表开发流程，通过测量题项生成、专家评议、翻译—回译过程以及抽样试测等，编制了一份包含 3 个维度 9 个题项的心理授权测量量表。3 个维度包括目标内化（goal internalisation）、控制感（perceived control）和胜任感（perceived competence），每个维度各 3 个题项。Menon 和 Hartmann（2002）随后又以澳大利亚的样本对该量表进行了检验，结果再次生成了目标内化、控制感和胜任感 3 个因子，且信度系数介于 0.81—0.87 之间，显示出较好的信度水平。刘耀中（2008）运用访谈、问卷调查等方式探讨了我国企业员工心理授权的内涵结构，结果发现其主要包括自我决策、工作价值、自我效能和目标内化等 4 个维度，测量问卷显示出了较好的信度和内容效度。

此外，还有学者对团队心理授权的结构及测量进行了探讨。王国猛等（2012）采用访谈法以及问卷调查法等，探讨了中国情境下的团队心理授权的结构及其测量方式。研究发现，中国情境下的团队心理授权包括"能力导向授权体验"和"工作导向授权体验"两个维度，并且显示出了较好的信度和效度，对于推动团队心理授权的相关研究提供了可靠的测量和分析工具。

三　心理授权的研究现状

回顾心理授权的相关研究，可以将其大致分为影响心理授权的主要因素以及心理授权的结果变量两类。

（一）心理授权的影响因素

在心理授权的影响因素方面，实证研究表明，个体因素、工作特征、团体和组织特征是影响心理授权的三大类主要因素，具体涉及性别、年龄、受教育水平等人口统计学变量、人格特征、工作特征、单位的社会结构特征、领导行为、授权气氛等（凌俐、陆昌勤，2007）。Spreitzer（1996）通过对中层管理者的问卷调查探讨了社会结构特征与心理授权的关系。结果表明，高卷入社会结构（high-involvement social structure），如较低的角色模糊性（role ambiguity）、较宽的控制幅度（span of control）、社会政治支持（socio-political support）、信息接触渠道（access to information）以及参与式的组织氛围（participative unit climate）等都能够为工作场所中的授权创造良好的机会。Seibert 等（2011）采用元分析的方式回顾了组织中心理授权的影响因素。研究发现，高绩效管理实践的感知、社会政治支持、领导行为、工作设计特征等情景变量与个体层面的心理授权显著相关，而个体的年龄、受教育水平、工作年限等人力资本变量则与心理授权的关系相对弱一些。孙春玲等（2015）在界定个体心理授权、团队心理授权和组织特征等概念的基础上，认为组织特征影响心理授权可以归纳为驱动作用、调节作用和整合作用三种作用机制，并且考察了组织特征影响个体及团队心理授权的不同效果，设定了心理授权与前因变量和结果变量之间关系强弱的边界条件。

（二）心理授权的结果变量

迄今为止，已有文献主要是探讨心理授权的影响效果，或者是将其视为中介变量来研究个体态度或者行为的发生机制。

首先，在心理授权的直接作用方面，现有研究探讨了心理授权与组织承诺、组织认同、离职倾向与工作满意度的影响。如雷巧玲等（2006）发现，如果提高知识型员工心理授权的内在状态，就可以提高他们的感情承诺。除此之外，已有研究表明，心理授权与组织认同、工作满意度正相关（陈浩，2010；叶宝娟、郑清，2017），与离职倾向显著负相关（王祯等，2012）。Jose 和 Mampilly（2014）研究发现，心理授权与雇员投入正相关，具体到心理授权的四个维度而言，意义、自我效能感、影响力与雇员投入正相关，而自我决定与雇员投入的相关性并不明显。孙春玲等（2018）以工程项目团队成员为对象，依据社会交换理论，探讨了心理授权与不道德亲组织行为（Unethical Pro-organization Behavior，UPB）的相互关系及作用机制。研究发现，心理授权会显著地正向影响工程项目团队成员的不道德亲组织行为，组织惯例在二者间起负向的调节作用。

其次，在将心理授权作为中介变量的研究方面，现有研究则成果颇丰。田启涛（2018）探讨了服务型领导对员工工作重塑的作用机制。结果发现，服务型领导是通过心理授权的完全中介作用来对员工工作重塑行为施加积极影响的。Dust 等（2014）基于跨组织的调查样本发现，心理授权在变革型领导与雇员任务绩效和组织公民行为之间发挥着中介作用。Fong 和 Snape（2015）通过构建一个跨层次的中介模型，检验了授权型领导（empowering leadership）、心理授权与雇员产出之间的关系。结果表明，授权型领导与心理授权在个体层面和组织层面都显著相关，心理授权在授权型领导与工作满意度、组织承诺之间发挥着中介作用。此外，还有许多研究将心理授权作为中介变量，来探讨领导风格影响员工创新行为的内在作用机制。研究发现，变革型领导通过心理授权能够正向激发员工创新行为（丁琳、席酉民，2008；张银、李燕萍，2011；刘景江、邹慧敏，2013；陈晨等，2015），家长式领导的仁慈领导通过心理授权的中介作用提高团队成员的创造力（陈璐等，2013；王振华，2014；张振刚等，2015），而德行领导和威权领导对员工创新行为的影响目前并未得出一致的结论。

（三）心理授权研究述评

心理授权是个体关于他们处理事务、情景或者问题的权力的感知。心理授权不仅会受到个体特征、工作特征和组织情景的影响，而且还会影响到员工的工作满意度、组织承诺以及绩效产出等等。纵观近年来心理授权的相关研究，可以窥见较大多数都是将心理授权作为一个阐释变量间作用机制的中介变量，并且具有较强的解释力，对于我们理解组织中的各种行为发生机制提供了良好的视角，但是未来研究仍然值得进一步拓展。首先，现有的关于心理授权的相关研究比较注重结果探讨，而相对忽视了过程的考察，对于个体特征、工作特征和组织情境这些因素对于心理授权的作用机制缺乏深入发掘（凌俐、陆昌勤，2007）。其次，虽然心理授权的相关研究截至目前积累了大量的文献，但是现有文献大多是以横截面研究为主，未来可以尝试运用扎根研究、实验研究、纵向研究等研究方法，以丰富现有的研究成果。此外，现有文献关于心理授权的干预研究还相对缺乏（凌俐、陆昌勤，2007；王金良、张大均，2011），比如说是否可以通过工作设计、组织环境的营造等举措来改进员工的心理授权状态，值得未来进一步探讨。

第八节　发展型文化

一　发展型文化的概念

文化是一套为组织成员所认同和接受的习俗、信念、价值观和思维模式（Schein，1992）。当前，组织学家比较广泛地采用竞争价值文化框架（Competing Values Culture Framework，CVCF），去探讨组织文化在实践方面的具体体现（Quinn & Spreitzer，1991；Lumpkin & Dess，2001；Miller & Friesen，1983；Moynihan et al.，2012；Pandey & Garnett，2006；Pandey & Moynihan，2006）。该框架从变革与稳定、内部与外部两个维度出发，将组织文化分为团体型文化（group culture）、发展型文化（developmental culture）、等级

型文化（hierarchical culture）和理性型文化（rational culture）四种基本类型。其中，团队型文化关注人际关系和发展，强调忠诚、传统、和谐和士气；等级型文化关注正规化和结构，强调稳定、控制和连续性；理性型文化关注产出最大化和效率，强调产出、利润和成就。发展型文化则关注的是企业家精神、创新与风险承担，强调转型与变革（Langer & LeRoux，2017）。发展型文化立足于组织发展，是一种强调组织灵活性和外部导向性的文化类型，主要关注组织成长、资源获取、创造力和对外部环境的有效适应。Moynihan 和 Pandy（2005）认为，发展型文化的焦点在于组织如何管理其所处的环境以及适应新的需求。

二 发展型文化的测量

自 20 世纪 80 年代组织文化的研究日益兴起以来，学者们对于组织文化的测量也进行了长期的探索。如霍夫斯泰德（Hofstede）曾经对 IBM 分布在全球 53 个国家的 11.6 万名员工进行了问卷调查，并用权力距离、个人主义—集体主义、男性化—女性化、不确定性规避、短期倾向—长期倾向等五个维度来描述不同国家和地区的文化差异与特征。这对于解释出于不同文化背景下员工的行为差异，从而为管理者制定因地制宜的管理决策提供了有益的参考和借鉴。具体到发展型文化而言，Langer 和 Leroux（2017）则从企业家精神（entrepreneurialism）、成长（growth）、风险承担（risk-taking）、动态性（dynamism）和创新（innovation）五个方面进行了测量。具体的测量题项包括：我所在的组织是一个充满活力和企业家精神的地方；组织鼓励员工积极冒险；组织强调追求卓越，大家因为谋求创新与发展而同心协力；我所在的组织鼓励成长和获取新的资源；组织将准备迎接新的挑战视为最重要的事。

三　发展型文化的研究现状

发展型文化作为组织文化的一个类型，虽然近年来吸引了一些学者的关注，但相关的研究仍不多见。San Park 和 Hyun Kim（2009）探讨了组织文化与工作满意度和离职倾向之间的关系。研究发现，发展型文化与员工的工作满意度正相关，与离职倾向呈负相关。发展型文化这种注重灵活性和人际关系导向的文化类型与稳定导向和控制导向的组织相比更能够改进员工的工作满意度。刘薇（2015）研究了组织层面的发展型文化对个体学习的影响。实证研究表明，发展型文化有助于激发个体的积极情绪，抑制消极情绪。发展型文化可以通过个体情绪的中介作用对个体学习施加影响。刘芳等（2016）基于资源基础观的视角，探讨了动态能力和发展型文化在高绩效工作系统与农业新创企业绩效间的中介机制。结果表明，动态能力在高绩效工作系统与农业新创企业绩效间起完全中介作用，发展型文化在高绩效工作系统与农业新创企业绩效的中介作用并不稳健。由此可见，发展型文化导向的组织更加关注对组织发展环境的灵活适应，强调通过对组织学习和创新的关注来提升组织的竞争能力，从而获取竞争优势，更好地适应经济社会发展的客观要求。

第三章

研究模型与假设

第一节　研究模型

创新是引领发展的第一动力，大力推动公务员创新，既是深入贯彻落实创新驱动发展战略的要求，也是提升政府组织的服务能力，提高公众满意度的客观需要。本书以社会认同理论、社会交换理论、自我决定理论和计划行为理论为基础，引入了公共服务动机、心理授权、差错管理氛围和发展型文化等中介调节变量，探讨服务型领导和家长式领导两种不同的领导风格对公务员创新行为的作用机制。

服务型领导强调下属优先，关注下属的成长与发展；家长式领导强调恩威并施、以德服人，具体包含仁慈领导、德行领导和威权领导3个维度。依据社会认同理论和社会交换理论，服务型领导以及家长式领导中的仁慈领导和德行领导能够引发下属的认同和效仿，激发公务员参与创新的积极性、主动性和创造性。而威权领导由于过于强调独断专权和严密控制，会抑制下属的创新意识（王双龙、周海华，2013；常涛等，2016；钟琳莉，2018）。行为的发生与个体动机密不可分，下属感知到的领导风格又会对自身的动机产生不同程度的影响。公共服务动机是一种超越个体利益，重视服务大众或者社会的利他动机；心理授权是一种包含意义、自我效能、自我决定和影响力的内在动机。公共服务动机和心理授权作为不同的动机表现形式，已有诸多研究表明，这两种动机形式在领导风格与员工行为之间发挥着中介作用（Paarlberg et al.，2008；刘云、石金涛，2009；Wang，2013；Devloo，2015；陈振明、林亚清，2016）。组织中个体的行为表现还会受到组织氛围、组织文化等情境因素的影响。差错管理氛围是从一种积极的角度来看待差错，将差错视为学习和改进的机会；发展型文化则是强调组织应保持积极开放的态度，关注资源获取、创新激发和组织成长。创新能力较强的组织往往是开放包容、关注未来、求新求变的组织，组织如果重视差错管理与学习，强调发展导向，则能够有效地提高组织成员的创新动力。

本书在进行系统的理论介绍和文献回顾的基础上，构建了一个领导风格影响公务员创新行为的作用机制模型，如图 3-1 所示。其中服务型领导、家长式领导是自变量，公务员创新行为是因变量，公共服务动机和心理授权是中介变量，差错管理氛围和发展型文化是调节变量。随后本书将继续以此模型为框架，以理论及文献为依据，提出研究假设，并通过实证检验予以论证。

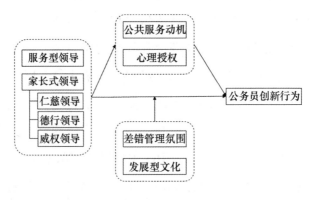

图 3-1   研究模型

第二节　研究假设

一　服务型领导对公务员创新行为的影响

公务员创新行为是公务员在工作过程中所表现出来的提出、传播和实施新想法、新技术或者新流程的行为过程，其目的在于谋求政府组织问题的解决以及绩效的改进。在探讨领导风格是否会影响员工创新行为以及其具体的作用机制方面，许多学者开展了长期的探索，并产生了大量的研究成果。已有诸多文献表明，变革型领导、交易型领导、诚信型领导、包容型领导、家长式领导等领导风格与员工创新行为都表现出了较强的相关性。服务型领导是一种强调下属优先的领导风格。具备服务型领导的领导者会尽力激发下属和满足下属的需要，而较少地关注领导者自身的个人需求（Green-leaf，1970）。根据现有学者的相关研究，服务型领导包含了主动性、倾听、同情、治愈、说服、远见、诚实、谦逊、鼓励、利他、信任、授权、服务等多种结构特征。本书认为，服务型领导与公务员创新行为正相关。

首先，服务型领导强调员工的个人发展，将员工的个人利益和需求置于自身至上，基于社会交换理论的互惠原则，当下属在感受到领导者的关爱时，会谋求恰当的方式进行回报，而积极参与创新，改进工作效率和流程，从而提升个体绩效就是较好的一种回报方式。其次，服务型领导还注重授权和说服，会给予下属一定的自由裁量权，让下属能够比较自主地完成工作任务，当遇到工作中的困难时，还会给予积极的指引和说服，从而推动工作任务的顺利完成以及下属知识和技能的不断增长。创新是一种工作角色外的行为方式，公务员创新行为的发生是一个包含创意的产生、推广和实施的系列过程，公务员只有掌握了一定的自主权，才可能推动创新由想法逐步成为现实。服务型领导会授予员工适当的自主权，让员工可以自主地选择方法、控制行为和决定进度（黄俊等，2015）。此外，服务型领导还注重鼓励、治愈和服务等风格特征。领导者会通过提供个人的支持和辅导来尽量满足下属的需要（Bass，2000）。创新本就是一个充满着挑战与风险的行为过程，难免会遇到挫折与失败，而在此时，服务型领导就会积极地鼓励下属、安慰下属，由此员工哪怕创新失败，也不会受到领导的苛责，这在一定程度上也免去了创新失败的后顾之忧。庄子匀和陈敬良（2015）指出，服务型领导通过对下属的关注，可以激发下属的欢乐、喜爱和骄傲等积极情绪，而这种积极情绪又可以扩大个体的认知范围，让下属在解决问题的过程中做到灵活变通，从而激发下属的创新潜能，并积极投入到创新活动中。根据以上论述，本书提出以下假设：

H1：服务型领导对公务员创新行为有正向影响。

二 家长式领导对公务员创新行为的影响

家长式领导是以郑伯埙为代表的学者在 20 世纪七八十年代基于华人文化背景所提出的一种领导风格类型，是一种在"人治的氛围下，所显现出来的具有严明纪律与权威、父亲般的仁慈及道德廉洁性的领导方式"（樊景立、郑伯埙，2000）。家长式领导包含仁慈领导、德行领导和威权领导 3 个维度，与之相对应的是下属表现出感恩图报、认同效法以及敬畏顺从。鉴于家长式领导的仁慈领导、德行领导与威权领导存在负相关关系，因此如果将家长式领导作为一个整体，来探讨其与公务员创新行为之间的关系可能有失偏颇，所以分别讨论家长式领导的仁慈、德行和威权 3 个维度对公务员创新行为的影响可能显得更为合适。

首先，在仁慈领导与公务员创新行为的关系方面，已有研究表明，仁慈领导会对雇员的领导认同、信任、组织承诺以及组织公民行为等诸多要素产生积极的正向影响（Chan et al., 2013；Chen et al., 2014；Cheng et al., 2004；Farh et al., 2006；Farh et al., 2008；Wang & Cheng, 2010；傅晓等, 2012），所以我们假定仁慈领导与公务员创新行为也呈正相关关系。由于仁慈领导强调对员工的关怀，仁慈领导会仔细地考虑自身行为的社会影响，旨在为下属提供一个支持性的、温暖的、友好的发展环境（Tian & Sanchez, 2017）。基于社会交换理论，当员工感受到来自上级的支持时，他们也会采取相应的措施，如改进自身的态度和行为等方式来提供相应的反馈，这在一定程度上可以激发员工努力工作，通过创新性的行为方式来改进流程和绩效。陈璐等（2013）认为，仁慈领导会为下属提供帮助和辅导，鼓励组织内部分享创意和意见反馈，同时仁慈领导还比较宽容，不会公开地批评下属，营造了一种相对自由、轻松、鼓励冒险的组织氛围，这些都有利于激发组织成员积极参与创新。

其次，在德行领导与公务员创新行为的关系方面，已有研究表明，德行领导与员工创新行为正相关（陈璐等, 2013；许彦妮等, 2014；Gu et al., 2015）。一方面，德行领导以身作则、为人正直，这种人格魅力容易取得下属的认可和尊重，激发下属的认同感，从而做出有利于组织发展的员工创新行为；另一方面，创新是一项人财物消耗比较大的冒险行动，德行领导具有公私分明、刚正不阿的优秀品质，这有利于在分配资源、政策制定的过程中保持公平公正，赋予下属更多的安全感，激发员工投入到创新的活动中（张振刚等, 2015；晋琳琳等, 2016；张建卫等, 2018）。钟琳莉（2018）认为，员工在德行领导的影响下，会越来越以集体利益为重，会主动地帮助和服务同事，这样有利于提高创新行为出现的概率。

最后，在威权领导与公务员创新行为的关系方面，威权领导强调领导者的控制和下级的服从，上下级之间是一种统治—服从的关系，较大多数研究表明，威权领导与员工创新行为之间负相关。王双龙和周海华（2013）指出，威权领导会表现出一种专权作风，不太在意下属的观点和想法，下属只需要按照规则和指示执行即可，而且，员工还惧于表达出领导不喜欢的内容时会受到领导的苛责，因此也往往比较倾向于坚持传统、墨守成规和照章办事，不利于创新想法的产生。常涛等（2016）认为，威权领导会让下属感受到服从的压力，抑制独特思想的自由表达。而且，威权领导容易在组织内营造一种令人畏惧的组织氛围，使组织成员在紧张、畏惧的心理状态下开展工作，这也会影响到员工的工作精力，降低他们的认知复杂性，从而抑制了创新思想的产生。此外，威权领导往往比较注重绩效的完成情况，因此员工迫于完成工作任务的压力，倾向于将更多的精力用于完成本职工作，使创新缺乏足够的条件（钟琳莉，2018）。

综上所述，本书提出以下假设：

H2a：仁慈领导对公务员创新行为有正向影响；

H2b：德行领导对公务员创新行为有正向影响；

H2c：威权领导对公务员创新行为有负向影响。

三 公共服务动机的中介作用

公共服务动机是"个人受主要或完全基于公共制度与组织的动机所驱使的倾向"（Perry & Wise，1990）。自佩里和怀斯提出公共服务动机的概念以来，公共服务动机就成为了公共管理领域内一个长盛不衰的热门议题。国内外的诸多学者围绕公共服务动机的内涵、结构、影响因素、结果变量和作用机制等方面开展了持续的研究，并产生了诸多的研究成果。业界普遍认为，公共服务动机包含政策制定的吸引、公共利益的承诺、同情心和自我牺牲4个维度。已有研究表明，年龄、性别、个人收入、受教育程度、性格特征、工作特征、领导成员关系和组织文化等都会影响到个体的公共服务动机水平。其中，领导风格也是影响个体公共服务动机的一个重要因素。如 Paarlberg、Perry 和 Hondeghem（2008）指出，领导者可以通过树立较高的道德标准、伦理规范和扮演亲社会的榜样来提高下属对于组织目标的认识，强化下属的公共服务动机，让下属为了实现组织目标甘于牺牲个人利益。葛蕾蕾（2016）认为，变革型领导可以通过德行垂范、愿景激励、人性化关怀和领导魅力，激发员工对于组织使命和价值观的认同，满足员工参与公共服务的心理需求，从而提高员工的公共服务动机。

服务型领导是一种独特的领导方式，其所具备的关爱下属、倾听指引、自我牺牲等领导特征也有利于激发员工的公共服务动机。依据社会学习理论，员工会倾向于效仿那些有吸引力的、高尚的榜样的态度、价值观和行为（Brown & Treviño，2006）。当领导者将下属的利益置于自身之上，关注下属的未来与发展时，下属会感受到领导者独特的服务品质，并受到激励也成为这样的领导者，所以服务型领导有利于激发下属的服务精神。而且，服务型领导会在组织中建立一种服务他人的价值观念，这也有利于提高下属对于公共利益的承诺、同情心以及自我牺牲，等等（Tuan，2016）。此外，从服务型领导的内容特征上看，它不仅关注下属的个人利益，还给予了下属充分的权力，要求下属应该具备社会责任意识，积极参与社会服务工作，可以提升下属的公共服务动机，积极投身社会服务。

与服务型领导相比，家长式领导是一个三元式的领导风格，包括仁慈领导、德行领导和威权领导 3 个维度。仁慈领导类似于服务型领导，比较关注下属的成长与需要，会注重与下属建立和谐的人际关系，下属出于回报来自领导的关爱，会强化组织认同，更多地关注组织利益和组织目标，提升公共服务动机。德行领导强调以德服人，领导者所具备的公平正直、公私分明的优秀品质，会为下属树立良好的学习榜样，提高下属的同情心和自我牺牲精神。威权领导则强调控制与服从，员工享有较少的知情权和参与权，更多的是照章办事，按照严格的操作规程完成既定的工作任务，这在一定程度上会导致员工只关注个人利益，忽视整体利益，有可能会损害员工的公共服务动机。

在公共服务动机的结果变量方面，已有大量研究表明，公共服务动机与组织绩效、工作满意度、组织公民行为、员工建言行为、工作投入等正相关，与工作倦怠、离职倾向负相关（李小华、董军，2012；朱春奎、吴辰，2012；祝军，2013；葛蕾蕾，2016；刘昕等，2016；谭新雨、汪艳霞，2017；刘帮成等，2017；林琼、熊节春，2018；Brewer，2008；Vandenabeele，2009；Brewer & Selden，2000；Kim，2005；Rize，2009）。Wright 等（2012）指出，领导者可以通过强调员工个体价值观和绩效与组织价值观和绩效目标的关系来强化公共服务动机的潜在影响。员工创新行为是一种角色外的工作行为，也会受到动机因素的影响（卢小君、张国梁，2007；刘云、石金涛，2009；Wang，2013；Devloo，2015）。当公务员具备较高的公共服务动机时，一方面会产生一种强烈的社会认同，激发员工的内在动机，更好地完成工作任务；另一方面，公共部门所面临的工作环境也是复杂和多变的，当遇到新问题或者新挑战，较高的公共服务动机可以激发公务员产生新想法，积极参与到政策制定的过程中，以更好地解决社会问题。

综上所述，结合社会学习理论、社会交换理论以及相关文献的佐证，服务型领导和家长式领导都会影响到下属的公共服务动机，而具备较高公共服务动机的员工会更加积极地投入到公共政策的制定过程，具备自我牺牲的服务精神，敢于在面临公共问题和制定公共政策过程中提出新想法，解决新问题。因此，公务员所感受到的领导风格会影响他们的公共服务动机，进而影响创新行为。基于此，本书提出如下假设：

H3a：公共服务动机在服务型领导与公务员创新行为之间起到中介作用；

H3b：公共服务动机在仁慈领导与公务员创新行为之间起到中介作用；

H3c：公共服务动机在德行领导与公务员创新行为之间起到中介作用；

H3d：公共服务动机在威权领导与公务员创新行为之间起到中介作用。

四　心理授权的中介作用

心理授权是个体对于处理事件、情景或者问题的权力的感知，是基于其工作角色认知的内在动机的心理体验（Thomas & Velt-house，1990；Spreitzer，1995）。按照托马斯（Thomas）等学者的观点，心理授权包括意义、自我效能感、自我决定和影响力 4 个维度。已有研究表明，作为一种内在动机的心理授权，会受到人格特征、工作特征、领导行为、授权气氛等多种因素的影响。在领导风格对心理授权的影响方面，现有研究表明，服务型领导、变革型领导、授权型领导、创业型领导都会正向地影响员工的心理授权（陈文沛，2015；陈晨等，2015；薛贤等，2015；孙圣兰、吕洁，2016；刘冰等，2017；颜爱民等，2017；田启涛，2018；Dust et al.，2014；Fong & Snape，2015）。

服务型领导强调领导者将下属的利益置于自身之上，对于心理授权的 4 个维度都容易产生积极的影响。首先，服务型领导关注下属的发展与成长，会充分地授予下属权力，分配必要的资源，建立更具挑战性的工作目标，从而提升下属的胜任能力。同时，服务型领导注重沟通与说服，他们善于倾听，表现出同理心，会与下属建立良好的人际关系。依据自我决定理论，服务型领导能够有效地满足下属在自主、胜任和关系这三个方面的基本需要，从而能够有效地提高下属的心理授权。而且，服务型领导还具有概念化、远见以及变革性影响等领导特质，通过向下属明晰地传达组织的愿景与发展目标，有利于让员工更清楚地了解自己在实现组织发展目标的过程中所扮演的角色和意义，从而强化下属的组织认同，提升下属的自我效能感以及工作价值的感知。

家长式领导包含仁慈、德行和威权 3 个维度。仁慈领导体现出了领导者对下属的个性关怀和宽宏大量，领导者重视人情，会维护下属的面子，并提供必要的辅导和帮助；德行领导体现出领导者以身作则、公平正直的优秀品格，展示出了较高的个人修养和敬业精神。领导者对下属的这种心理关怀和德行垂范有利于与下属建立良好的人际关系，赢得下属的尊重、效仿和认可，提高下属对工作意义的感知和工作投入。而且，仁慈领导和德行领导可以让下属感受到更为优越和公正的对待，从而提高自身在组织中扮演角色价值的评价，拥有更强的自我效能感（田在兰、黄培伦，2014）。至于威权领导，这是一种强调专权和服从的领导风格。它所营造的一种安分守己、照章办事、恪守边界的组织氛围会损害员工的自主性，也不利于建立和谐的人际关系氛围，所以会对员工的心理授权产生消极影响。

在心理授权对公务员创新行为的关系方面，已有研究表明，心理授权有利于激发员工的创新行为（Thomas & Velthouse，1990；Spreitzer，1995；刘耀中，2008；刘云、石金涛，2010；杨英、李伟，2012；夏绪梅、纪晓阳，2017）。具体而言，心理授权的 4 个维度都与员工创新行为正相关。按照 Katz 和 Kahn 的观点，员工的行为可以分为角色内行为（in-role behavior）和角色外行为或者自发行为（spontaneous behavior）两种。角色内行为是组织规定的、员工职责范围之内的行为，而角色外行为是员工自主决定和实施的自发行为。公务员创新行为就是一种自发的角色外的行为。当公务员的心理授权较高时，他们能够更多地感受到工作的意义和自我效能感，这会激发他们的工作热情和工作投入，积极参与到有利于改进组织流程和绩效的创新行为中。而且，依据计划行为理论，个体的行为会受到行为态度、主观规范和知觉行为控制的影响，当公务员具有较高的工作自主性，在组织中的影响力比较大时，这也意味着他们能够更多控制自身的行为，从而投入时间和精力积极参与创新。刘耀中（2008）也指出，心理授权较高的员工，会更少地受到工作技术、规章制度等方面的限制，因此有可能产生更多的富有创意的想法。

综上所述，服务型领导和家长式领导都是影响公务员心理授权的重要因素，而公务员在感知到较高的心理授权时，会影响到他们对于工作意义、效能感、自主性和影响力的认知，展现出更多的有利于组织发展的创新行为等自发行为，从而推动组织流程的持续改进和绩效的不断提高。基于此，本书提出如下假设：

H4a：心理授权在服务型领导与公务员创新行为之间起到中介作用；

H4b：心理授权在仁慈领导与公务员创新行为之间起到中介作用；

H4c：心理授权在德行领导与公务员创新行为之间起到中介作用；

H4d：心理授权在威权领导与公务员创新行为之间起到中介作用。

五 差错管理氛围的调节作用

差错管理氛围是组织管理差错的一系列信念、规则以及实践，描述了组织成员如何认识差错以及处理差错。差错管理氛围既包括支持差错管理的积极氛围，也包括阻碍差错管理的消极氛围。本书从狭义的视角出发，将差错管理氛围视为从差错中学习和改进的积极氛围。每个组织都可能出现差错，进而导致客户的流失、产量或者质量的下降、消费者满意度的降低以及成本的增加，等等（Guchait et al.，2014）。但是组织在差错发生后选择如何应对却可以影响差错的最终结果，积极的差错管理态度不仅可以通过对差错的及时处理最大化地减少差错带来的负面影响，甚至还可能产生有利于组织发展的正面影响。

　　研究表明，良好的差错管理氛围与组织创新正相关（陈文沛，2013；李忆等，2013；尹润峰、朱颖俊，2013；尹奎等，2016；周晖等，2017；赵斌等，2017；杜鹏程等，2017；李江涛、王亮，2018）。公务员创新行为是一种角色外的自发行为，既然是创新，就面临着高挑战、高失败率的风险。而差错管理鼓励员工在充满挑战性和不确定的情境中，积极主动地、创造性地思考。这种积极的差错管理态度可以通过持续性的沟通，帮助员工迅速地识别差错，发展共享意识，促进协作共进，以及时地弥补差错的损失（Cannon & Edmondson，2005）。而且，拥有良好差错管理氛围的组织鼓励员工积极承担风险，在员工犯错时也会给予足够的包容，这有利于提升员工的心理安全感，更积极主动地参与创新。赵斌和徐璐（2018）指出，差错管理营造了一种自由与开放的沟通氛围，这可以提高组织的差错管理水平，鼓励员工积极地发现问题、诊断问题和探求问题的解决之道，从而可以开拓员工的思维，促进员工创新行为的产生。

　　领导风格的有效性可能会受到组织情景的影响。在高差错管理氛围的组织中，公务员更能够感受到服务型领导和仁慈领导对下属的关怀和照顾，依据社会交换理论，公务员会更加积极地投入工作，而较高的差错管理氛围又会提升公务员的工作安全感，会更加大胆地参与冒险，更加主动地承担责任。由于威权领导强调控制和服从，所以假定威权领导会负向影响公务员创新行为。但是如果公务员感知到较高的差错管理氛围，就会减少犯错后受到苛责或者惩罚的顾虑，缓解对于领导的畏惧，所以差错管理氛围有可能弱化威权领导对于公务员创新行为的负面影响。综上所述，本书提出如下假设：

H5a：差错管理氛围在服务型领导与公务员创新行为之间起调节作用。具体而言，当组织的差错管理氛围较高时，服务型领导对公务员创新行为的正向影响就会增强；反之，当组织的差错管理氛围较低时，服务型领导对公务员创新行为的正向影响就会减弱。

H5b：差错管理氛围在仁慈领导与公务员创新行为之间起调节作用。具体而言，当组织的差错管理氛围较高时，仁慈领导对公务员创新行为的正向影响就会增强；反之，当组织的差错管理氛围较低时，仁慈领导对公务员创新行为的正向影响就会减弱。

H5c：差错管理氛围在德行领导与公务员创新行为之间起调节作用。具体而言，当组织的差错管理氛围较高时，德行领导对公务员创新行为的正向影响就会增强；反之，当组织的差错管理氛围较低时，德行领导对公务员创新行为的正向影响就会减弱。

H5d：差错管理氛围在威权领导与公务员创新行为之间起调节作用。具体而言，当组织的差错管理氛围较高时，威权领导对公务员创新行为的负向影响就会减弱；反之，当组织的差错管理氛围较低时，威权领导对公务员创新行为的负向影响就会增强。

六　发展型文化的调节作用

组织文化反映了组织的核心价值观，对于组织成员的态度和行为具有导向作用（张玮、刘延平，2015）。当公务员认可组织文化时，就会提升组织承诺，降低离职倾向，谋求在组织内部的长远发展。随着政府再造运动兴起，公共组织建立发展型导向的组织文化已经成为时下的一个新兴趋势，比如说要用以创新和企业家精神为代表的发展型文化来代替传统的官僚等级文化，以推动政府组织文化的根本性的变革（Kamarck，2013；Langer & Leroux，2017）。具有发展型文化的组织并不满足于组织的发展现状，它们目光长远、着眼未来，制定了宏伟的发展目标并致力于推动目标的逐步达成。这种组织为成员所描绘的美好愿景有利于激发公务员的工作热情，让他们感受到自身在实现组织目标中所扮演的角色和意义，从而提高学习新知识、新技能的动力，推动个人发展与组织发展的有机统一。而且，重视创新精神的培养是发展型文化的一个重要特征。具有发展型文化的组织对于新事物、新挑战持有开放的态度，面对高度复杂性和不确定性的发展环境，他们不是故步自封、默守成规，而是敞开怀抱，以较强的灵活性和外部适应性去面对未知的挑战。在组织内部，具有发展型文化的组织营造了一种开放共享的组织氛围，激发公务员树立积极向上的工作态度，鼓励公务员及时地沟通新想法，并且会尽力推动创意的有效落实，从而为推动公务员创新行为的产生提供了良好的组织支持。

服务型领导以及家长式领导对于员工创新行为的影响已经得到了学者们的共识，对于领导风格影响员工创新行为的边界条件也吸引了部分学者的关注。如已有文献开始将权力动机、权力距离、工作单位结构、认知冲突、个体传统性、外在奖赏、领导部属交换关系等作为调节变量引入研究模型中加以讨论（沈伊默等，2017；苏屹等，2017；朱瑜等，2018；杨陈等，2018；陈倩倩等，2018）。发展型文化作为影响员工创新行为的一个重要变量，目前还没有得到足够的关注。如前所言，领导风格的有效性会受到所处情景的影响。因此，本书尝试将发展型文化作为调节变量，来探讨领导风格影响公务员创新行为的边界条件。在具有发展型文化的组织中，服务型领导的远见、成长、共享决策等领导特征能够让公务员感受到更为开放、上进的组织氛围；仁慈领导和德行领导的宽宏大量、容忍差错也可以让公务员在稳定、安全的组织环境中努力工作，积极向上；至于威权领导对公务员创新行为的负面影响，也可能因为公务员更加关注组织的长远发展，敢于挑战传统与权威，而缓解威权领导的消极影响。综上所述，本书提出如下假设：

H6a：发展型文化在服务型领导与公务员创新行为之间起调节作用。具体而言，当组织的发展型文化较高时，服务型领导对公务员创新行为的正向影响就会增强；反之，当组织的发展型文化较低时，服务型领导对公务员创新行为的影响就会减弱。

H6b：发展型文化在仁慈领导与公务员创新行为之间起调节作用。具体而言，当组织的发展型文化较高时，仁慈领导对公务员创新行为的正向影响就会增强；反之，当组织的发展型文化较低时，仁慈领导对公务员创新行为的影响就会减弱。

H6c：发展型文化在德行领导与公务员创新行为之间起调节作用。具体而言，当组织的发展型文化较高时，德行领导对公务员创新行为的正向影响就会增强；反之，当组织的发展型文化较低时，德行领导对公务员创新行为的影响就会减弱。

H6d：发展型文化在威权领导与公务员创新行为之间起调节作用。具体而言，当组织的发展型文化较高时，威权领导对公务员创新行为的负向影响就会减弱；反之，当组织的发展型文化较低时，威权领导对公务员创新行为的负向影响就会增强。

综合以上分析，现将本书的假设汇总，如表3-1所示：

表 3 - 1　　　　　　　　　　　**研究假设汇总**

序号	假设内容
H1	服务型领导对公务员创新行为有正向影响
H2a	仁慈领导对公务员创新行为有正向影响
H2b	德行领导对公务员创新行为有正向影响
H2c	威权领导对公务员创新行为有负向影响
H3a	公共服务动机在服务型领导与公务员创新行为之间起中介作用
H3b	公共服务动机在仁慈领导与公务员创新行为之间起中介作用
H3c	公共服务动机在德行领导与公务员创新行为之间起中介作用
H3d	公共服务动机在威权领导与公务员创新行为之间起中介作用
H4a	心理授权在服务型领导与公务员创新行为之间起中介作用
H4b	心理授权在仁慈领导与公务员创新行为之间起中介作用
H4c	心理授权在德行领导与公务员创新行为之间起中介作用
H4d	心理授权在威权领导与公务员创新行为之间起中介作用
H5a	差错管理氛围在服务型领导与公务员创新行为之间起调节作用
H5b	差错管理氛围在仁慈领导与公务员创新行为之间起调节作用
H5c	差错管理氛围在德行领导与公务员创新行为之间起调节作用
H5d	差错管理氛围在威权领导与公务员创新行为之间起调节作用
H6a	发展型文化在服务型领导与公务员创新行为之间起调节作用
H6b	发展型文化在仁慈领导与公务员创新行为之间起调节作用
H6c	发展型文化在德行领导与公务员创新行为之间起调节作用
H6d	发展型文化在威权领导与公务员创新行为之间起调节作用

第四章

研究设计

第一节　研究对象及程序

当前，我国经济发展进入了新常态，改革已经进入深水区和攻坚区。立足新的发展起点，面临新的发展问题，必须创新体制机制，坚定不移地实施创新驱动发展战略，从而促进经济社会全面协调可持续发展。从个体层面来讨论员工创新行为的影响因素及作用机理，是在经济新常态下推动企业转型升级、赢得竞争优势的关键问题。创新不仅仅是驱动企业发展的重要动力，对于公共部门而言，创新也是提高公共部门的公共服务能力、改进公共部门服务绩效的重要途径。特别是公务员的创新精神和创新行为，直接关系到政策制定是否有效回应了公众需求，政策落实是否解决了公众关注的民生问题，等等。纵览现有关于员工创新行为的相关文献，绝大多数仍是以企业组织为研究对象，关注企业员工的创新行为，鲜有从公共部门的视角出发，来探讨公务员创新行为的发生机制及作用机理。

有鉴于此，本书以公务员为研究对象，以领导风格为自变量，同时引入了公共服务动机、差错管理氛围等紧贴公共部门实际的情景变量，以期探讨中国政府组织背景下领导风格与公务员创新行为之间的相互关系以及具体的作用机理。在明确了研究主题以及研究对象之后，接下来确定了研究开展的具体程序。

第一步，设计调查问卷。鉴于服务型领导、家长式领导、员工创新行为、公共服务动机以及差错管理氛围等主要变量在国内外的研究已相对成熟，产生了许多经得起推敲和验证的成果。所以，本书所涉及的主要研究变量都是基于国内外已有学者的研究成果，通过翻译和回译等方式建立调查问卷，从而在一定程度上可以保证调查问卷的信度和效度。

第二步，预测试。在建立了调查问卷之后，考虑到中西方文化传统差异以及政府组织与企业组织的情景差异，在正式调查之前先进行了小范围的预测试。通过预测试来了解问卷的题项设置是否合理、提法是否恰当等等，从而能够更加准确客观地了解调查对象在领导风格、创新行为、公共服务动机等变量的主观感知情况。

第三步，正式测试。通过预测试，对问卷进行优化与再设计。随后选择公务员为调查对象，通过纸质问卷、问卷星网络问卷等填答方式相结合，对北京、山东、广东等部分地区的公务员开展了问卷调查，借以了解我国不同地区、不同级别公务员的创新行为表现情况。

第四步，数据录入及处理。在获取问卷调查数据后，对数据进行录入和处理。包括去除随意填答的问卷（如填答时间较短、题项选择重复过多、问卷重复率高等）、填写未完成的问卷，以及问卷的缺失值处理等等，为数据分析和验证假设奠定基础。

第五步，数据分析。在对数据进行处理之后，运用 Excel、SPSS 24.0、Amos24.0 等数据统计分析软件，通过信度分析、验证性因子分析以及结构方程模型构建等，检验问卷的信度、效度，验证研究假设是否成立，探讨领导风格对公务员创新行为的相互关系及作用机制。

第六步，得出结论。通过结构方程模型的构建，明确变量之间的相互关系，得出研究结论，并为提出具有针对性的管理启示和建议提供参考依据。

第二节　测量工具

鉴于服务型领导、家长式领导、公共服务动机、心理授权、差错管理氛围和发展型文化等研究涉及的主要变量在国内外的研究已经比较成熟，因此在测量这些变量时，本书将直接参考国内外现有文献中的已有量表，并结合中国的实际情景对相关语言表达进行了适时调整，从而为变量的测量奠定基础。

（一）公务员创新行为

公务员创新行为是公务员在工作过程中所表现出来的提出、传播和实施新想法、新技术或者新流程的行为过程，其目的在于谋求政府组织问题的解决、绩效的改进以及服务效能的提高。作为一种员工角色外的自发行为，许多学者都将员工创新行为视为一个包含由创意的产生或提出，到创意的实施的一系列行为过程，所以在设计员工创新行为的测量量表时，也往往是从员工创新行为的发生过程角度来对这一变量进行操作化。现有的关于员工创新行为的测量量表包括单维度量表、两维度量表、三维度量表、四维度量表、五维度量表以及六维度量表等等。综合考虑我国公共部门的实际情景，以及问卷题项设置等因素，本书最后选择了 Janssen（2000）开发的量表来测量公共部门的员工创新行为。该量表把员工创新行为分为创意产生、创意传播和创意实施 3 个维度，每个维度包含 3 个题项，共计 9 个题项，如表 4 - 1 所示。公务员创新行为的测量量表的回答采用 Likert 5 点评分尺度，要求调查对象针对其自身相应的行为表现进行打分，其中，"1"表示"完全不符合"，"5"表示"完全符合"。

表 4 - 1　　　　　　　　　公务员创新行为的测量工具

维度	代码	测量题项
创意产生	IWB a1	遇到工作难题时我能提出新的想法
	IWB a2	我会探索新的工作方法、技术或工具
	IWB a3	遇到问题时，我会想到独特的解决方案
创意传播	IWB b1	我会寻找他人的支持以推广想法
	IWB b2	我的创新的想法会得到上级的认可
	IWB b3	我会鼓励重要的组织成员热衷于创新
创意实施	IWB c1	我会将创新的想法付诸于实践
	IWB c2	我会在组织中系统地阐述创新的想法
	IWB c3	我会评价创新想法的实用性

（二）服务型领导

服务型领导是一种强调服务优先，而非领导优先的领导风格，关注下属的成长和发展。自格林里夫在 20 世纪 70 年代提出了服务型领导的概念以后，许多学者对其结构和测量进行了长期探索，涌现出了服务型领导的三维度说、五维度说、七维度说、八维度说等各种各样的观点。在综合考虑了各种量表在实践中应用的信度、效度以及情景后，本书拟采用 Ehrhart（2004）开发的服务型领导测量量表。该量表包括和下属建立关系、授权、帮助下属成长、伦理表现、概念技能、下属优先、创造社区价值等 7 个维度，每个维度包含 2 个题项，共计 14 个题项，如表 4 - 2 所示。这 7 个维度又反映了服务型领导的两个关键方面：伦理行为和下属优先。国内学者如朱玥、王晓晨（2015）和林文静、段锦云（2015）等人在他们的研究中就采用此量表来测量服务型领导，量表的 α 系数分别为 0.92 和 0.90，显示出了该量表在中国情景下具有较高的可应用性。服务型领导量表的回答采用 Likert 5 点评分尺度，要求调查对象针对其直接上级的相应行为表现进行打分，其中，"1"表示"完全不符合"，"5"表示"完全符合"。

表 4 - 2 服务型领导的测量工具

维度	代码	测量题项
和下属 建立关系	SL a1	我的领导会花时间与下属建立良好关系
	SL a2	我的领导会在下属之间建立团队氛围
授权	SL b1	我的领导做出决策会受到下属的影响
	SL b2	我的领导在做出重要的决策时会尽力促成下属达成共识
帮助下属成长	SL c1	我的领导对于下属工作场所之外的责任比较敏感
	SL c2	我的领导认为下属的个人发展比较重要
伦理表现	SL d1	我的领导要求下属应具有较高的道德标准
	SL d2	我的领导信守承诺，说到做到
概念技能	SL e1	我的领导能够平衡好日常事务与长远发展
	SL e2	我的领导学识广博，对于解决难题感兴趣
下属优先	SL f1	我的领导让我感觉到我们是一同工作，而不是为他/她个人而工作
	SL f2	我的领导会努力帮助下属提升自己
创造社区价值	SL g1	我的领导鼓励下属参加工作之外的社区服务或志愿活动
	SL g2	我的领导强调回馈社会的重要性

（三）家长式领导

家长式领导是一种立足华人文化背景所提出来的领导风格，强调恩威并施、以德服人。学界普遍认为，家长式领导包括仁慈领导、德行领导和威权领导3个维度，这非常契合我国公共部门的组织文化情境，相信对于员工创新行为的影响具有较强的解释力。虽然家长式领导的三维度论得到了学界的一致认可，但是学者们还是从不同的视角开发了家长式领导的测量问卷，包括郑伯埙于1995年初次开发的33个题项的测量问卷，于2003年修订后的15个题项测量问卷，以及 Aycan（2006）开发的21题项问卷，等等。本书最后采用了郑伯埙、周丽芳和樊景立（2000）开发的家长式领导测量问卷。该问卷包括仁慈领导、德行领导和威权领导 3 个维度，其中，仁慈领导 6 个题项，德行领导 4 个题项，威权领导 8 个题项，共计 18 个题项，如表 4 - 3 所示。国内学者陈璐、杨百寅和井润田（2012）采用该量表探讨了家长式领导对高管团队有效性的影响机制。数据表明，该量表中仁慈领导、德行领导和威权领导三个因子的 α 系数分别为 0.85、0.84 和 0.80，显示出了较好的信度水平。家长式领导量表的回答采用 Likert 5 点评分尺度，要求调查对象针对其直接上级的相应行为表现进行打分，其中，"1"表示"完全不符合"，"5"表示"完全符合"。

表 4 - 3　　　　　　　　　　　　家长式领导的测量工具

维度	代码	测量题项
仁慈领导	BL1	我们领导经常会向团队成员嘘寒问暖
	BL2	我们领导对团队成员的照顾会扩及到其家人
	BL3	团队成员生活上有困难时，我们领导会及时伸出援手
	BL4	当团队成员工作业绩不佳时，我们领导会去了解真正的原因
	BL5	当团队成员工作出纰漏时，我们领导会给其改正的机会
	BL6	我们领导不会当着同事的面给人难堪
德行领导	ML1	当工作出问题时，我们领导不会把责任推得一干二净
	ML2	我们领导不会因个人的利益去拉关系、走后门
	ML3	我们领导为人正派，不会假公济私
	ML4	我们领导是我们为人做事的好榜样
威权领导	AL1	我们领导要求团队成员完全服从他/她的领导
	AL2	如果有团队成员当众反对我们领导的意见时，会遭到他/她的冷言讽刺
	AL3	本团队大小事情都由领导自己单独决定
	AL4	开会时，都按领导的意见做最后的决定
	AL5	我们领导从不把他/她的真实想法透露给团队成员

续表

维度	代码	测量题项
威权 领导	AL6	与我们领导一起工作时，团队成员感到他/她带给大家很大的压力
	AL7	当任务无法达成时，我们领导会斥责团队成员
	AL8	我们领导遵照原则办事，严厉处罚违反规定的行为

（四）公共服务动机

公共服务动机是"一种超越个人利益和组织利益的信念、价值观和态度，关注更大的政治实体利益和激励个体按照恰当的方式采取行动（Vandenabeele，2007）"。作为一种强调服务大众的利他动机，公共服务动机一般包括政策制定的吸引、公共利益的承诺、同情心和自我牺牲4个维度。自佩里在20世纪90年代提出公共服务动机的概念以来，许多学者对于如何来测量公共服务动机进行了长期的不懈探索，并形成了丰富的成果。综合问卷题项、应用情景等因素，本书最后选择了包元杰和李超平修订的公共服务动机测量量表，该量表包含公共参与吸引、公共价值承诺、同情心和自我牺牲4个维度，每个维度2个题项，共计8个题项，如表4-4所示。该量表在学生样本、公务员样本和合并样本中，α系数分别为0.83、0.82和0.91，具有较高的信度和效度。公共服务动机量表的回答采用Likert 5点评分尺度，要求调查对象针对个体的实际情况对相应项目进行打分，其中，"1"表示"非常不同意"，"5"表示"非常同意"。

表4-4　　　　　　　　公共服务动机的测量工具

维度	代码	测量题项
公共参与吸引	APS1	有意义的公益活动对我很重要
	APS2	对我而言，为社会公益做贡献很重要

维度	代码	测量题项
公共价值承诺	CPV1	我认为，公民机会均等很重要
	CPV2	公务员的行为一定要符合伦理规则
同情心	COM1	当看到他人遇到困难时，我会很难受
	COM2	当看到他人遭到不公正对待时，我会很气愤
自我牺牲	SS1	他人是否幸福很重要
	SS2	我认为应该将公民义务放在个人利益之上

（五）心理授权

心理授权是一个内在动机的概念，是个体关于其所从事的工作的价值感、影响力、责任感以及在组织中的重要性等一系列主观感受。心理授权是一种正向的动机构念，按照托马斯等学者的观点，它主要包括意义、自我效能感、自我决定和影响 4 个维度。关于心理授权的测量也大多是以此为基础进行开发的，Spreitzer、Menon和刘耀中等人都开发了相应的心理授权测量量表，其中，Spreitzer（1995）开发的心理授权测量问卷受到了国内外学者的一致认可。本书拟采用李超平、李晓轩、时堪和陈雪峰（2006）基于 Spreitzer的问卷所修订的心理授权测量问卷。该问卷包含工作意义、自主性、工作效能和工作影响 4 个维度，共计 12 个题项，如表 4 - 5 所示。心理授权量表的回答采用 Likert 5 点评分尺度，要求调查对象针对个体的实际感受对相应项目进行打分，其中，"1"表示"完全不符合"，"5"表示"完全符合"。

表 4 - 5　　　　　　　　　心理授权的测量工具

维度	代码	测量题项
工作意义	M1	我所做的工作对我来说非常有意义
	M2	工作上所做的事对我个人来说非常有意义
	M3	我的工作对我来说非常重要

续表

维度	代码	测量题项
自主性	C1	我自己可以决定如何来着手来做我的工作
	C2	在如何完成工作上，我有很大的独立性和自主权
	C3	在决定如何完成我的工作上，我有很大的自主权
工作效能	S1	我掌握了完成工作所需要的各项技能
	S2	我自信自己有干好工作上的各项事情的能力
	S3	我对自己完成工作的能力非常有信心
工作影响	I1	我对发生在本部门的事情的影响很大
	I2	我对发生在本部门的事情起着很大的控制作用
	I3	我对发生在本部门的事情有重大的影响

（六）差错管理氛围

差错管理氛围是组织管理差错的一系列共同的信念、规则以及实践。本书的差错管理氛围关注差错管理氛围的积极方面，是指那些支持差错管理策略的实践和程序。为了了解一个组织的差错管理氛围如何，Rybowiak、Van Dyck、王重鸣和洪自强等国内外学者都开发了差错管理氛围的测量问卷，认为差错管理氛围可以进一步细分为三维度、七维度以及八维度，等等。其中，Van Dyck 等（2005）为了探讨组织的差错管理氛围对绩效的影响，将差错管理氛围操作化为差错沟通、差错支持、差错知识共享、差错诊断与损害控制、差错分析、协作处理差错以及有效应对差错等 7 个维度，开发了一份包含 17 个题项的差错管理氛围问卷，如表 4-6 所示。该问卷的 α 系数达到了 0.92，显示出了较高的信度水平，因此本书拟采用 Van Dyck 等（2005）开发的问卷来测量公共部门的差错管理氛围。差错管理氛围量表的回答采用 Likert 5 点评分尺度，要求调查对象针对组织对待差错的具体情况对相应项目进行打分，其中，"1" 表示 "完全不符合"，"5" 表示 "完全符合"。

表4-6 差错管理氛围的测量工具

代码	测量题项
EMC1	差错能有效地改进工作流程
EMC2	差错发生后，我们会想方设法地修正
EMC3	差错发生后，我们会仔细地分析差错
EMC4	工作如果发生异样，我们会花时间仔细思考
EMC5	差错发生后，我们会尽力去分析原因
EMC6	在组织中，我们会深入思考如何避免差错
EMC7	差错对于后续工作的开展提供了重要的信息
EMC8	差错向我们指出了工作的改进方向
EMC9	承担一项工作时，我们能从差错中受益良多
EMC10	差错发生后，我们通常知道如何修正
EMC11	差错发生后，我们会立刻进行纠正
EMC12	即使犯了错误，我们也不会放弃最终的目标
EMC13	当不能纠正自己的错误时，我们会向同事求助
EMC14	因为差错而导致工作无法进行时，我们可以依靠他人
EMC15	当犯错时，我们能向其他人征求如何继续工作的意见
EMC16	当犯错时，我们会与他人分享经验，从而避免他人犯同样的错误
EMC17	在组织中，我们会深入思考如何避免差错

（七）发展型文化

发展型文化是组织文化的一种代表类型，与等级式文化、团队型文化等组织文化类型相比，发展型文化是立足于组织发展，强调组织的灵活适应性以及外部导向性的组织文化类型，关注组织的未来发展。关于发展型文化的测量，目前学界的研究成果还相对较少，如 Langer 和 Leroux（2017）认为发展型文化包含企业家精神、成长、发现承担、动态性和创新五个方面。Zammuto 和 Krakower（1991）在对组织文化的系统研究中，认为发展型文化包含企业家精神、组织对创新的承诺以及关注资源获取和组织成长三个方面，并开发了相应的3个题项问卷，如表4-7所示。本书拟采用 Zammuto 等学者开发的发展型文化测量问卷，该量表的回答采用 Likert 5 点评分尺度，要求调查对象针对所在组织的具体情况对相应项目进行打分，其中，"1"表示"完全不符合"，"5"表示"完全符合"。

表 4 – 7　　　　　　　　　　发展型文化的测量工具

代码	测量题项
DC1	我所在的部门充满活力与创新精神，人们敢于冒险和承担风险
DC2	因为对创新、发展与卓越的追求，我所在的部门团结一致
DC3	我所在的部门重视发展与获取新的资源，强调准备好迎接新的挑战

（八）人口统计学变量

除了确定领导风格、公务员创新行为、公共服务动机、差错管理氛围等研究模型中涉及的变量的测量工具之外，本书还将一些人口统计学变量纳入了问卷当中，一方面可以进一步探讨人口统计学变量是否会影响政府组织的员工创新行为表现；另一方面，在分析领导风格对公务员创新行为的作用机制时，可以将这些人口统计学变量作为控制变量来进行处理，从而使研究假设的结论更为稳健。本书涉及的人口统计学变量包括：性别、年龄、工作年限、学历学位以及行政级别等。

综上所述，本书的测量问卷总体上包括两个部分，一是领导风格、公务员创新行为、公共服务动机、心理授权、差错管理氛围、发展型文化等研究模型中的主要变量；二是性别、年龄、工作年限、行政级别等人口统计学特征，调查问卷的具体内容详见附录。

第三节　分析技术

在确定测量问卷的基础上，通过对国内部分地区公务员进行问卷调查和数据录入，本书采用 Excel、SPSS 24.0 和 Amos 24.0 等统计分析软件对调查数据进行分析。主要用到的分析技术包括描述性统计分析、信度分析、效度分析、验证性因子分析和结构方程模型分析等，通过这些分析技术的运用可以了解样本分布在相关变量上的表现情况、变量测量的信效度情况，以及研究假设的验证情况等。

（一）描述性统计分析

描述性统计分析是用数学语言表述一组样本的特征和样本各变量间关联的特征，用来概括和解释样本数据（李怀祖，2017）。本书将以调查对象的性别、年龄、工作年限、学历学位以及行政级别等人口统计学特征为分类依据，通过人数、百分比等统计指标了解调查对象在这些类别上的表现情况。

（二）信度与效度分析

信度（reliability）是一个用来评价测量的稳定性的指标，表示对于同样的对象，运用同样的观测方法得出同样观测数据的可能性（李怀祖，2017）。在研究中，一般采用 Cronbach 所创建的 α 系数（也称之为内部一致性信度系数）来测量量表的信度水平。α 系数的计算公式如下所示：

$$\alpha = \frac{K}{K-1}\left(1 - \frac{\sum_{i=1}^{K}\sigma_{Y_i}^2}{\sigma_X^2}\right)$$

其中，K 为样本数，σ_X^2 为总样本的方差，$\sigma_{Y_i}^2$ 为目前观测样本的方差。

一般而言，α 系数介于 0—1 之间。α 系数如果为 0.60—0.65 最好不要，α 系数介于 0.65—0.70 是最小可接受值，α 系数介于 0.70—0.80 表示相当好，α 系数介于 0.80—0.90 则表示非常好（DeVellis，1991）。

效度（validity）反映的是所运用的量表是否真的可以度量想要

测量的构念，或者说是否确实在测量你想测量的构念。依据美国现行的《教育和心理测试标准》，问卷的效度可以从内容效度、内部结构效度、效标效度和构念效度四个方面来进行检验。在此主要介绍内容效度和结构效度两种常见的效度指标。内容效度包括测量的内容是否充分并准确地覆盖了想要测量的构念、测验指标是否有代表性、问卷形式和措辞对于回答者来说是否妥当等。可以采用逻辑分析法、专家判断法或者实证研究法来检验问卷的内容效度。结构效度指的是运用测量工具所得到的数据结构是否与预期结构相一致（罗胜强、姜嬿，2014）。在研究中，常用因子分析来检验问卷的结构效度，通过观察测量指标的因子载荷水平可以决定测量指标的取舍。一般而言，测量指标的因子载荷值达到 0.4 及以上，就表示一个可接受的因子载荷水平。

（三）验证性因子分析

因子分析的基本思想是将变量的相关系数矩阵的内部结构进行研究，找出能控制所有变量的少数几个变量来描述各原始变量之间的相关关系，这些少数变量是不可观测的，通常称为因子（刘军，2008）。因子分析主要包括探索性因子分析（exploratory factor analysis，EFA）和验证性因子分析（confirmatory factor analysis，CFA）两种基本形式。对于观测变量的结构尚不清楚、初始研究时，一般采用探索性因子分析，对于那些结构清楚，已经经过实践验证的观测变量而言，往往采用验证性因子分析。由于本书中涉及的服务型领导、家长式领导、员工创新行为、公共服务动机、差错管理氛围等主要变量大多是援引国内外学者的研究成果，所以宜采用验证性因子分析来判断相关变量的结构效度情况。

（四）结构方程模型分析

结构方程模型（structural equation modeling，SEM），也称之为潜在变量模型，是一种整合了因子分析和路径分析的多变量统计方法。它可以同时检验模型中包含的显性变量、潜在变量、干扰或误差变量间的关系，进而探讨自变量对因变量的直接影响、间接影响以及总影响（吴明隆，2010）。按照李怀祖（2017）的观点，结构方程模型的应用包括五个基本步骤：模型设定（model specification）→模型辨识（model identification）→模型估计（model estimation）→模型评价（model evaluation）→模型修正（model modification）。常用的结构方程模型分析软件包括 LISREL、EQS 和 AMOS，等等。本书将运用 AMOS 探讨服务型领导与家长式领导这两种领导风格与公务员创新行为之间的相互关系及其具体的作用机制。

第四节　调查实施

为了提高数据收集质量，真实客观地调查了解公务员对于领导风格、公共服务动机、心理授权、差错管理氛围、发展型文化以及创新行为的实际情况，本书在问卷的前期设计、问卷的调查实施等阶段都进行了比较细致的计划准备工作。

在问卷设计阶段，由于本书中所涉及的主要变量在国外的研究中相对比较广泛，所以为了尽量提升测量工具的内容效度，在设计变量的测量问卷时大多采用的是国外学者所开发的量表，或者是经过国内学者在实际研究中已经检验过的成熟量表。但鉴于中英文转换容易存在表达误差，以及政府组织与企业部门的情景差异，本书在正式调查前先进行了预测试。在 2017 年 11 月—2018 年 1 月间，以在职 MPA 为调查对象，利用集体上课的机会发放问卷近 70 份，在收集问卷后征询了他们对于问卷设计的看法，对问卷题项设置欠妥的地方进行了改进。随后，在 2018 年 2 月—5 月，通过纸质问卷发放和问卷星电子问卷填答等方式实施正式的问卷调查，问卷发放地区包括北京、山东、广东、河南等地区，历时三个多月后共计回收问卷 524 份。通过细致地筛查，去除了那些填答时间过短、填答重复项目过多、问卷答案雷同率过高的无效问卷，最终确定了 421 份有效问卷，问卷有效回收率达到了 80.3%。调查样本的基本分布情况如表 4-8 所示。

表 4-8　　　　　　　　　　调查样本的基本情况

项目	类别	人数（人）	百分比（%）	累积百分比（%）
性别	男	234	55.6	55.6
	女	187	44.4	100
年龄	30 岁及以下	162	38.5	38.5
	31—40 岁	178	42.3	80.8
	41—50 岁	67	15.9	96.7
	51 岁及以上	14	3.3	100
工作地点	北京	56	13.3	13.3
	广东	88	20.9	34.2
	河南	100	23.8	58.0
	山东	133	31.6	89.6
	其他	44	10.4	100
工作年限	5 年及以下	115	27.3	27.3
	6—10 年	141	33.5	60.8
	11—20 年	95	22.6	83.4
	21—30 年	53	12.6	96.0
	31 年及以上	17	4.0	100
学历学位	高中/中专及以下	20	4.8	4.8
	大专	60	14.2	19.0
	本科	254	60.3	79.3
	研究生	87	20.7	100
行政级别	办事员	89	21.1	21.1
	科员	206	48.9	70.1
	副科级	64	15.2	85.3
	正科级	44	10.5	95.7
	副处级及以上	18	4.3	100

　　从表4-8看出，本次问卷调查的公务员样本共计421人，其中，男性公务员234人，女性公务员187人；从年龄分布来看，30岁及以下的样本占38.5%，40岁及以下的样本占80.8%，说明调查对象主要集中于中青年公务员；从地点分布来看，样本主要分布在北京、广东、河南、山东等地区，占比接近90%，在华北、华中、华南等地区都有分布，具有一定的代表性；从工作年限来看，工作5年及以下的占比27.3%，工作6—10年的占比33.5%，工作11—20年的占比22.6%，工作20年以上的占比16.6%，工作年限分布相对比较均衡；从学历学位程度来看，拥有本科学历的254人，占比60.3%，拥有研究生学历的20.7%，总体上反映样本的受教育水平相对较高；从行政级别来看，科员206人，占比48.9%，正科级及以下公务员共计占比95.7%，说明调查对象主要是以基层公务员为主。

第五章

数据分析与结果

第一节 信效度检验

（一）信度分析

信度主要是反映测量结果的一致性和稳定性。本书采用内部一致性 Cronbach α 系数来测量各量表的可靠性。关于 α 系数的判定规则，吴明隆（2010）在综合学者观点的基础上，拟定了一个判断标准，如表 5 −1 所示。

表 5 −1   Cronbach α 系数判定规则

Cronbach α 系数	层面或构念	量表
<0.50	不理想，舍弃不用	非常不理想，舍弃不用
0.50—0.60	可以接受，增列题项或修改语句	不理想，重新编制或修订
0.60—0.70	尚佳	勉强接受，最好增列题项或修改语句
0.70—0.80	佳（信度高）	可以接受
0.80—0.90	理想（甚佳，信度很高）	佳（信度高）
>0.90	非常理想（信度非常好）	非常理想（甚佳，信度很高）

资料来源：赵军：《绩效考核目的对工作场所偏差行为的影响机制研究》，武汉大学出版社 2014 年版，第 140 页。

本书各变量的 Cronbach α 系数如表 5 −2 所示。其中，服务型领导的 Cronbach α 系数为 0.952；家长式领导的 Cronbach α 系数为 0.779，仁慈领导、德行领导和威权领导 3 个维度的 Cronbach α 系数分别为 0.939、0.933 和 0.879；公共服务动机的 Cronbach α 系数为 0.877；心理授权的 Cronbach α 系数为 0.910；差错管理氛围的 Cronbach α 系数为 0.948；发展型文化的 Cronbach α 系数为 0.929；公务员创新行为的 Cronbach α 系数为 0.947。由此可见，除了家长式领导的 Cronbach α 系数略低于 0.8 之外，其余所有研究变量的 Cronbach α 系数都达到了 0.85 以上，显示出了较好的信度水平，可以满足研究需要。

表 5－2　　　　　　　　　　　　信度系数

变量	α 系数	项目数	样本量
服务型领导	0.952	14	421
家长式领导	0.779	18	421
仁慈领导	0.939	6	421
德行领导	0.933	4	421
威权领导	0.879	8	421
公共服务动机	0.877	8	421
心理授权	0.910	12	421
差错管理氛围	0.948	17	421
发展型文化	0.929	3	421
公务员创新行为	0.947	9	421

（二）效度分析

所谓效度，其反映的是研究者所采用的测量工具是否真正地测量了想要测量的构念。一般而言，效度主要包括有内容效度和结构效度。内容效度是指所用的测量工具是否覆盖了所要探讨的内容。结构效度是指测量工具能够测量到某一理论性的概念或者特质的程度。

在提高内容效度方面，本书主要做了以下工作：一是引用国内外学者广泛采用的成熟量表，已经经受住了理论和实践的考验；二是在将国外的研究量表翻译成中文之后，征求了人力资源管理方面的老师、博士研究生以及公务员群体的意见，对问卷进行了反复修改与讨论；三是在正式实施问卷调查之前，以 MPA 班在职研究生为对象进行了小范围的预测，对问卷题项的相关表述进行了修改，从而可以更好地符合政府组织实际，更加准确客观地测量调查样本对相关变量的感知情况。

关于结构效度，可以通过检验测量工具的数据结构与预期结构是否一致来进行判断。因子分析就是检验问卷结构效度的常用手段，一般而言，可以通过因子载荷、组合信度和平均方差萃取量来判断变量的聚敛效度情况。因子载荷的高低直接反映了它是否可以有效反映一个构念，因子载荷一般要高于 0.5，理想状态是 0.7 以上。组合信度（Composite Reality，CR）是检验潜变量信度质量的指标，当其大于 0.6 时，表明模型的内在质量符合要求。平均方差萃取量（Average Variance Extracted，AVE）表示被潜在构念所解释的变异量中有多少来自测量误差，其判别标准是一般要大于 0.5。

本书拟采用 AMOS 24.0 软件对研究变量进行验证性因子分析，通过结构方程模型分析可以提供数据拟合程度的评价指标，从而可以对模型的拟合情况进行评价。在判断模型的拟合程度方面，吴明隆（2010）总结了常用的统计检验指标，包括 NC 值、GFI、AGFI、RMSEA、NFI、IFI、CFI、TLI 等。NC 值就是卡方值与自由度之比（X^2/df），值越接近 1 表示模型的拟合程度越好，小于 5 则是可以接受的程度；GFI（拟合优度指数）、AGFI（调整后适配度指数）、NFI（规范拟合指数）、CFI（比较拟合指数）、TLI（非规准适配指数）大于 0.9 表示模型拟合较好，大于 0.95 则表示模型拟合非常好；RMSEA（近似均方根）小于 0.01 表示模型拟合得非常好，小于 0.08 则表示模型拟合得不错，具体如表 5 – 3 所示。

表 5 – 3　　　　　SEM 整体模型适配度的评价指标及其评价标准

统计检验量	适配的标准或临界值
NC 值（X^2/df）	1 < NC < 3，表示模型有简约适配程度 NC > 5，表示模型需要修正
GFI 值	> 0.90 以上
AGFI 值	> 0.90 以上
RMSEA 值	< 0.05（适配良好） < 0.08（适配合理）
NFI 值	> 0.90 以上
IFI 值	> 0.90 以上
CFI 值	> 0.90 以上
TLI 值（NNFI 值）	> 0.90 以上

资料来源：吴明隆：《结构方程模型：AMOS 的操作与应用》，重庆大学出版社 2010 年版，第 52 页。

（1）服务型领导的验证性因子分析

服务型领导测量量表的验证性因子分析结果如图 5 – 1 和表 5 – 4 所示，各项拟合指标均符合相关评价标准。其中，各题项的因子载荷均大于 0.5，服务型领导七个维度的组合信度分别为 0.91、0.67、0.65、0.75、0.90、0.90 和 0.91，均大于 0.6，平均方差萃取量（AVE）分别为 0.83、0.52、0.50、0.60、0.81、0.82 和 0.83，均大于 0.5，说明服务型领导量表整体的聚敛效度较好。

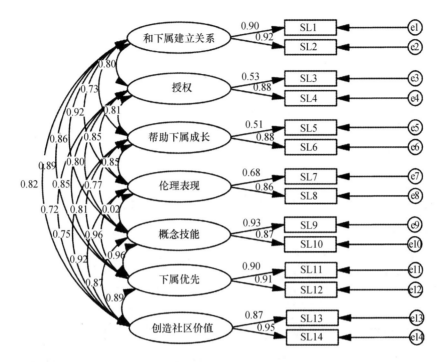

图 5 - 1　服务型领导验证性因子分析模型

表 5 - 4　　　　　　服务型领导验证性因子分析结果

测量指标	标准化因子载荷	信度系数 R^2	组合信度 CR 值	平均方差萃取量 AVE 值
SL1←和下属建立关系	0.903	0.815	0.91	0.83
SL2←和下属建立关系	0.921	0.848		
SL3←授权	0.522	0.272	0.67	0.52
SL4←授权	0.879	0.773		
SL5←帮助下属成长	0.502	0.252	0.65	0.50
SL6←帮助下属成长	0.861	0.741		
SL7←伦理表现	0.676	0.457	0.75	0.60
SL8←伦理表现	0.859	0.737		

续表

测量指标	标准化因子载荷	信度系数 R^2	组合信度 CR 值	平均方差萃取量 AVE 值
SL9←概念技能	0.930	0.865	0.90	0.81
SL10←概念技能	0.872	0.760		
SL11←下属优先	0.898	0.806	0.90	0.82
SL12←下属优先	0.912	0.832		
SL13←创造社区价值	0.869	0.755	0.91	0.83
SL14←创造社区价值	0.952	0.907		

模型拟合值：$X^2/df = 1.676$，GFI = 0.971，AGFI = 0.944，NFI = 0.983，IFI = 0.993，TLI = 0.988，CFI = 0.993，RMSEA = 0.040

从模型的拟合指数来看，$X^2/df = 1.676$，小于 3，GFI、AGFI、NFI、IFI、TLI、CFI 均大于 0.9，RMSEA = 0.040，小于 0.08，说明模型的拟合程度较好。

（2）家长式领导的验证性因子分析

家长式领导测量量表的验证性因子分析结果如图 5 - 2 和表 5 - 5 所示。其中，由于威权领导第 8 个题项（AL8）因子载荷较低，没有达到 0.5 的标准，因此予以删除，其余各题项的因子载荷均大于 0.5。仁慈领导、德行领导和威权领导 3 个维度的组合信度分别为 0.94、0.93 和 0.92，大于 0.6 的评价基准，平均方差萃取量（AVE）分别为 0.73、0.78 和 0.61，均大于 0.5，说明家长式领导量表整体的聚敛效度较好。

从模型的拟合指数来看，$X^2/df = 2.007$，小于 3，GFI、AGFI、NFI、IFI、TLI、CFI 均大于 0.9，RMSEA = 0.049，小于 0.08，说明模型的拟合程度较好。

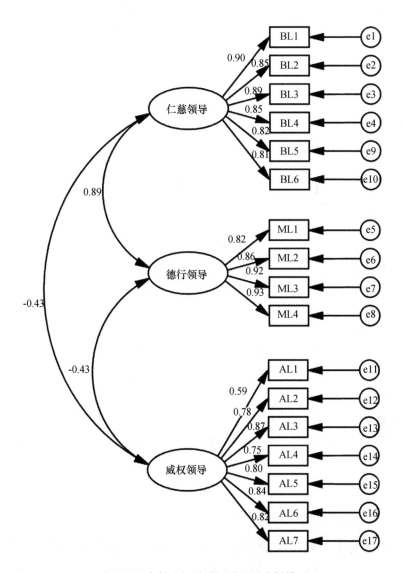

图 5-2　家长式领导验证性因子分析模型

表 5 - 5　　　　　　　　　　家长式领导验证性因子分析结果

测量指标	标准化因子载荷	信度系数 R^2	组合信度 CR 值	平均方差萃取量 AVE 值
BL1←仁慈领导	0.904	0.817		
BL2←仁慈领导	0.849	0.720		
BL3←仁慈领导	0.894	0.799	0.94	0.73
BL4←仁慈领导	0.853	0.727		
BL5←仁慈领导	0.816	0.665		
BL6←仁慈领导	0.810	0.656		
ML1←德行领导	0.825	0.680		
ML2←德行领导	0.856	0.733	0.93	0.78
ML3←德行领导	0.916	0.838		
ML4←德行领导	0.934	0.872		
AL1←威权领导	0.588	0.345		
AL2←威权领导	0.778	0.605		
AL3←威权领导	0.867	0.752		
AL4←威权领导	0.749	0.561	0.92	0.61
AL5←威权领导	0.804	0.646		
AL6←威权领导	0.839	0.704		
AL7←威权领导	0.818	0.670		

模型拟合值：$X^2/df = 2.007$，GFI = 0.948，AGFI = 0.919，NFI = 0.970，IFI = 0.984，TLI = 0.979，CFI = 0.984，RMSEA = 0.049

（3）公务员创新行为的验证性因子分析

公务员创新行为测量量表的验证性因子分析结果如图 5 - 3 和表 5 - 6 所示，各项拟合指标均符合相关评价标准。其中，各测量题项的因子载荷均大于 0.5，创意产生、创意传播和创意实施 3 个维度的组合信度分别为 0.88、0.85 和 0.92，大于 0.6 的评价基准，平均方差萃取量（AVE）分别为 0.71、0.65 和 0.79，均大于 0.5，说明公务员创新行为量表整体的聚敛效度较好。

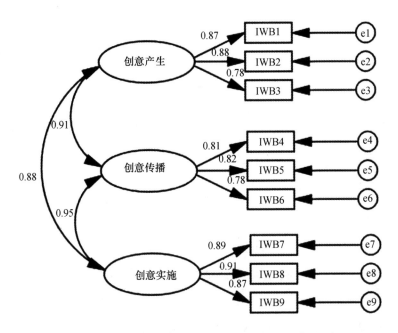

图 5 - 3　公务员创新行为验证性因子分析模型

从模型的拟合指数来看，$X^2/df = 1.681$，小于 3，GFI、AGFI、NFI、IFI、TLI、CFI 均大于 0.9，RMSEA = 0.040，小于 0.08，说明模型的拟合程度较好。

表 5 - 6　　　　　　公务员创新行为验证性因子分析结果

测量指标	标准化因子载荷	信度系数 R^2	组合信度 CR 值	平均方差萃取量 AVE 值
IWB1←创意产生	0.865	0.748		
IWB2←创意产生	0.877	0.770	0.88	0.71
IWB3←创意产生	0.783	0.612		
IWB4←创意传播	0.810	0.657		
IWB5←创意传播	0.818	0.670	0.85	0.65
IWB6←创意传播	0.782	0.612		

续表

测量指标	标准化因子载荷	信度系数 R²	组合信度 CR 值	平均方差萃取量 AVE 值
IWB7←创意实施	0.885	0.784		
IWB8←创意实施	0.908	0.825	0.92	0.79
IWB9←创意实施	0.875	0.765		

模型拟合值：$X^2/df = 1.681$，GFI = 0.986，AGFI = 0.960，NFI = 0.992，IFI = 0.997，TLI = 0.992，CFI = 0.997，RMSEA = 0.040

（4）公共服务动机的验证性因子分析

公共服务动机测量量表的验证性因子分析结果如图 5 - 4 和表 5 - 7 所示，各项拟合指标均符合相关评价标准。其中，各测量题项的因子载荷均大于 0.5。公共参与吸引、公共价值承诺、同情心和自我牺牲 4 个维度的组合信度分别为 0.86、0.74、0.85 和 0.62，大于 0.6 的评价基准，平均方差萃取量（AVE）分别为 0.76、0.59、0.74 和 0.46，均接近或大于 0.5，说明公共服务动机量表整体的聚敛效度较好。

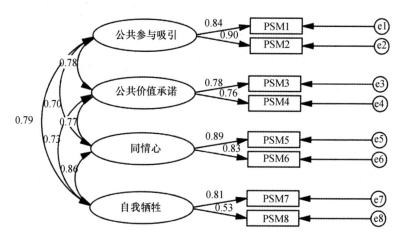

图 5 - 4　公共服务动机验证性因子分析模型

从模型的拟合指数来看，$X^2/df = 2.093$，小于3，GFI、AGFI、NFI、IFI、TLI、CFI均大于0.9，RMSEA = 0.051，小于0.08，说明模型的拟合程度较好。

表5-7　　　　　　　公共服务动机验证性因子分析结果

测量指标	标准化因子载荷	信度系数 R^2	组合信度 CR值	平均方差萃取量 AVE值
PSM1←公共参与吸引	0.843	0.711	0.86	0.76
PSM2←公共参与吸引	0.896	0.803		
PSM3←公共价值承诺	0.776	0.602	0.74	0.59
PSM4←公共价值承诺	0.762	0.581		
PSM5←同情心	0.889	0.790	0.85	0.74
PSM6←同情心	0.830	0.688		
PSM7←自我牺牲	0.805	0.648	0.62	0.46
PSM8←自我牺牲	0.528	0.278		

模型拟合值：$X^2/df = 2.093$，GFI = 0.982，AGFI = 0.954，NFI = 0.983，IFI = 0.991，TLI = 0.982，CFI = 0.991，RMSEA = 0.051

（5）心理授权的验证性因子分析

心理授权测量量表的验证性因子分析结果如图5-5和表5-8所示，各项拟合指标均符合相关评价标准。其中，各测量题项的因子载荷均大于0.7。工作意义、自主性、工作效能和工作影响4个维度的组合信度分别为0.91、0.90、0.88和0.93，大于0.6的评价基准，平均方差萃取量（AVE）分别为0.76、0.76、0.72和0.81，均大于0.5，说明心理授权量表整体的聚敛效度较好。

从模型的拟合指数来看，$X^2/df = 2.655$，小于3，GFI、AGFI、NFI、IFI、TLI、CFI均大于0.9，RMSEA = 0.063，小于0.08，说明模型的拟合程度较好。

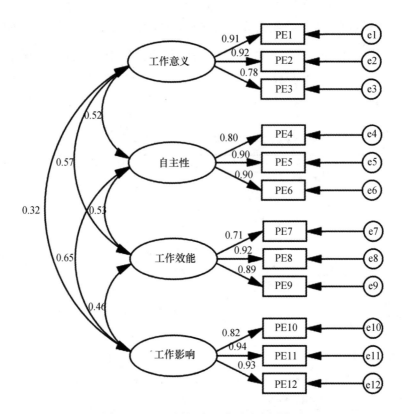

图5-5 心理授权验证性因子分析模型

表5-8 心理授权验证性因子分析结果

测量指标	标准化因子载荷	信度系数 R²	组合信度 CR 值	平均方差萃取量 AVE 值
PE1←工作意义	0.914	0.835		
PE2←工作意义	0.923	0.852	0.91	0.76
PE3←工作意义	0.776	0.602		
PE4←自主性	0.802	0.643		
PE5←自主性	0.898	0.807	0.90	0.76
PE6←自主性	0.903	0.815		
PE7←工作效能	0.711	0.506		
PE8←工作效能	0.919	0.844	0.88	0.72
PE9←工作效能	0.894	0.800		

测量指标	标准化因子载荷	信度系数 R²	组合信度 CR 值	平均方差萃取量 AVE 值
PE10←工作影响	0.821	0.674		
PE11←工作影响	0.940	0.884	0.93	0.81
PE12←工作影响	0.929	0.864		

模型拟合值：$X^2/df = 2.665$，GFI = 0.956，AGFI = 0.924，NFI = 0.970，IFI = 0.981，TLI = 0.972，CFI = 0.981，RMSEA = 0.063

（6）差错管理氛围的验证性因子分析

差错管理氛围测量量表的验证性因子分析结果如图 5 - 6 和

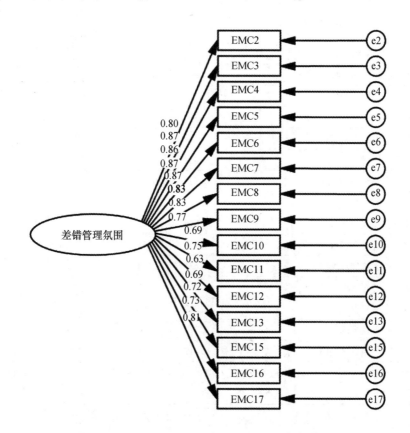

图 5 - 6 差错管理氛围验证性因子分析模型

表 5 - 9 所示，各项拟合指标均符合相关评价标准。其中，EMC1
和 EMC14 两个题项的因子载荷稍微偏低，没有达到 0.5 的标准，
因此予以删除，其余各测量题项的因子载荷均大于 0.5。差错管理
氛围量表的组合信度为 0.62，平均方差萃取量（AVE）为 0.56，
说明差错管理氛围量表的聚敛效度符合要求。

从模型的拟合指数来看，$X^2/df = 2.848$，小于 3，GFI、AGFI、
NFI、IFI、TLI、CFI 均接近或大于 0.9，RMSEA = 0.066，小于
0.08，说明模型的拟合程度较好。

表 5 - 9   差错管理氛围验证性因子分析结果

测量指标	标准化因子载荷	信度系数 R^2	组合信度 CR 值	平均方差萃取量 AVE 值
EMC2←差错管理氛围	0.800	0.640		
EMC3←差错管理氛围	0.865	0.748		
EMC4←差错管理氛围	0.862	0.744		
EMC5←差错管理氛围	0.871	0.758		
EMC6←差错管理氛围	0.874	0.763		
EMC7←差错管理氛围	0.829	0.687		
EMC8←差错管理氛围	0.835	0.697		
EMC9←差错管理氛围	0.773	0.597	0.96	0.62
EMC10←差错管理氛围	0.686	0.471		
EMC11←差错管理氛围	0.755	0.569		
EMC12←差错管理氛围	0.631	0.398		
EMC13←差错管理氛围	0.690	0.476		
EMC15←差错管理氛围	0.719	0.516		
EMC16←差错管理氛围	0.727	0.528		
EMC17←差错管理氛围	0.812	0.659		

模型拟合值：$X^2/df = 2.848$，GFI = 0.939，AGFI = 0.893，NFI = 0.967，IFI = 0.978，TLI = 0.966，CFI = 0.978，RMSEA = 0.066

（7）发展型文化

发展型文化测量量表的验证性因子分析结果如图 5 - 7 和表 5 - 10 所示，各项拟合指标均符合相关评价标准。发展型文化测量量表各测量题项的因子载荷均大于 0.8，组合信度为 0.93，平均方差萃取量（AVE）为 0.82，说明发展型文化量表的聚敛效度相对较好。

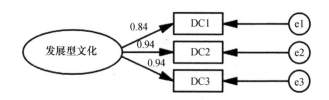

图 5 - 7　发展型文化验证性因子分析模型

表 5 - 10　　　　　　　发展型文化验证性因子分析结果

测量指标	标准化因子载荷	信度系数 R²	组合信度 CR 值	平均方差萃取量 AVE 值
DC1←发展型文化	0.836	0.699		
DC2←发展型文化	0.944	0.891	0.93	0.82
DC3←发展型文化	0.939	0.881		
模型拟合值：GFI = 1，NFI = 1，IFI = 1，CFI = 1，RMSEA = 0.931				

（8）主要变量间的区分效度检验

采用 Amos 24.0 检验领导风格、公共服务动机、心理授权、差错管理氛围、公务员创新行为等主要变量的区分效度。除了建立由 7 个变量所组成的七因子模型外，还结合变量之间的相关性、变量在模型中所设定的角色分别建立了 6 个备选模型。验证性因子分析的结果如表 5 - 11 所示，从中可以看出，七因子模型的各指标适配度要明显优于其他备选模型，所以本书的 7 个主要变量具有良好的区分效度。

表 5 – 11   主要变量的区分效度检验

模型	X^2/df	NFI	IFI	TLI	CFI	RMSEA
一因子	11.726	0.668	0.687	0.658	0.686	0.160
二因子	5.081	0.856	0.881	0.863	0.880	0.099
三因子	3.587	0.897	0.924	0.913	0.923	0.078
四因子	3.680	0.895	0.921	0.910	0.921	0.080
五因子	3.568	0.899	0.925	0.914	0.925	0.078
六因子	2.811	0.921	0.948	0.939	0.947	0.066
七因子	2.701	0.926	0.952	0.943	0.952	0.064

注：①因子模型设定：

一因子：SL + PL + PSM + PE + EMC + DC + IWB；二因子：SL + PL + PSM + PE + EMC + DC；IWB；

三因子：SL + PL；PSM + PE + EMC + DC；IWB；四因子：SL + PL；PSM + PE；EMC + DC；IWB；

五因子：SL；PL；PSM + PE；EMC + DC；IWB；六因子：SL + PL；PSM；PE；EMC；DC；IWB；

七因子：SL；PL；PSM；PE；EMC；DC；IWB。

②SL 表示服务型领导，PL 表示家长式领导，PSM 表示公共服务动机，EMC 表示差错管理氛围，PE 表示心理授权，DC 表示发展型文化，IWB 表示公务员创新行为。

第二节   共同方法偏差的控制与检验

共同方法偏差（common method biases）是指由于调查数据来自于同一个测量主体、同样的测量环境、同一的测量时间所带来的系统误差，可能会导致得出有失偏颇的研究结论。为了减少共同方法偏差对研究结果造成的影响，本书主要采用以下手段进行控制。首先，在问卷发放方面，问卷采用匿名填写的方式，调查结果对外保密，在一定程度上可以消除被调查者的心理顾虑，提高问卷填写的真实性。其次，在问卷设计方面，淡化了测量变量与题项之间的相关性，从而减少测量变量对调查对象填答问卷的引导，尽可能反映出调查对象的真实想法。

本书虽然在问卷设计与发放阶段注重采取一些措施来减少共同方法偏差，但是由于条件限制，共同方法偏差还是难以避免。本书拟采用 Herman 单因素检验来判断。该检验方法认为，在进行因子分析时，如果析出了单独一个引子，或者是一个公因子解释了大部分的变量变异，那么就可以认为存在共同方法偏差。因此，将本书涉及的服务型领导、家长式领导、公共服务动机、心理授权、差错管理氛围、发展型文化和员工创新行为等变量的所有题项放入一个探索性因子分析模型中，结果一共析出了 10 个公因子，未经旋转的第一个因子解释了 32.57% 的变异，没有超过 Podsakoff 等（2003）提出的 40% 建议值标准，说明本书的共同方法偏差问题并不严重。[①]

第三节　描述性统计分析

为了了解样本分布的基本情况，我们采用 SPSS24.0 对服务型领导、家长式领导、公共服务动机、心理授权、差错管理氛围、发展型文化和员工创新行为等变量进行描述性统计分析，主要包括平均值、标准差、偏度和峰度等。通过对主要变量的描述性统计分析，一方面可以根据变量的均值得分了解当前我国公务员所感知到的领导风格、公共服务动机、心理授权、差错管理氛围、发展型文化以及创新行为的基本情况；另一方面，还可以根据各变量的偏度

---

① Podsakoff P. M., MacKenzie S. B., Lee J. Y., et al., "Common Method Biases in Behavioral Research: A Critical Review of the Literature and Recommended Remedies", *Journal of Applied Psychology*, Vol. 88, No. 5, 2003.

和峰度等特征值判断调查数据是否符合正态分布，从而为后文的结构方程模型分析和 Process 回归分析奠定基础。在调查数据是否符合正态分布的判断方面，按照 Kline（1998）的建议，只要偏度绝对值小于 3，峰度绝对值小于 10，就说明样本基本上服从正态分布。

（一）服务型领导的描述性统计分析

服务型领导的描述性统计情况如表 5 – 12 所示。

表 5 – 12　　　　　　　　　服务型领导的描述性统计

维度	题项代码	平均值	标准差	偏度		峰度		各维度均值
		统计	统计	统计	标准误差	统计	标准误差	
和下属建立关系	SL1	4.01	1.077	– 1.185	0.119	0.816	0.237	4.049
	SL2	4.09	1.036	– 1.243	0.119	1.043	0.237	
授权	SL3	3.36	1.120	– 0.333	0.119	– 0.603	0.237	3.628
	SL4	3.90	1.083	– 0.994	0.119	0.410	0.237	
帮助下属成长	SL5	3.55	1.140	– 0.522	0.119	– 0.436	0.237	3.641
	SL6	3.73	1.134	– 0.772	0.119	– 0.158	0.237	
伦理表现	SL7	4.31	0.852	– 1.555	0.119	3.066	0.237	4.204
	SL8	4.10	1.038	– 1.258	0.119	1.168	0.237	
概念技能	SL9	4.07	1.027	– 1.262	0.119	1.254	0.237	4.034
	SL10	4.00	1.076	– 1.144	0.119	0.778	0.237	
下属优先	SL11	4.02	1.134	– 1.249	0.119	0.819	0.237	4.021
	SL12	4.02	1.046	– 1.166	0.119	0.842	0.237	
创造社区价值	SL13	3.72	1.216	– 0.666	0.119	– 0.567	0.237	3.791
	SL14	3.86	1.135	– 0.860	0.119	– 0.020	0.237	

从表 5 – 12 看出，服务型领导各测量条目的偏度绝对值都小于 2，峰度绝对值都小于 4，符合 Kline（1998）所提出的判定标准，说明服务型领导的评价分值是服从正态分布的，可以进行下一步的分析。

根据表 5 - 12，可见服务型领导 7 个维度的均值及标准差情况。其中，和下属建立关系、伦理表现、概念技能和下属优先 4 个维度的平均分均大于 4，说明调查对象认为他们的直接上级注重与下属建立良好的人际关系，具有较高的道德标准和概念技能，同时比较关注下属的需求和成长；同时，在授权、帮助下属成长和创造社区价值 3 个维度的平均值也介于 3.6 到 4.0 之间，说明领导者在这三个方面的表现也相对较好。

（二）家长式领导的描述性统计分析

家长式领导的描述性统计分析情况如表 5 - 13 所示。

表 5 - 13　　　　　　　　　家长式领导的描述性统计

维度	题项代码	平均值	标准差	偏度		峰度		各维度均值
		统计	统计	统计	标准误差	统计	标准误差	
仁慈领导	BL1	3.95	1.116	-1.052	0.119	0.350	0.237	3.961
	BL2	3.71	1.212	-0.769	0.119	-0.427	0.237	
	BL3	4.03	1.003	-1.157	0.119	1.131	0.237	
	BL4	4.02	1.019	-1.107	0.119	0.804	0.237	
	BL5	4.17	0.900	-1.416	0.119	2.430	0.237	
	BL6	3.88	1.157	-1.000	0.119	0.162	0.237	
德行领导	ML1	3.94	1.143	-1.139	0.119	0.602	0.237	3.996
	ML2	3.90	1.124	-0.968	0.119	0.322	0.237	
	ML3	4.10	0.996	-1.325	0.119	1.707	0.237	
	ML4	4.04	1.055	-1.260	0.119	1.273	0.237	
威权领导	AL1	3.41	1.226	-0.471	0.119	-0.862	0.237	2.719
	AL2	2.33	1.316	0.661	0.119	-0.792	0.237	
	AL3	2.38	1.270	0.628	0.119	-0.742	0.237	
	AL4	3.09	1.353	-0.215	0.119	-1.225	0.237	
	AL5	2.45	1.211	0.607	0.119	-0.552	0.237	
	AL6	2.69	1.359	0.271	0.119	-1.251	0.237	
	AL7	2.67	1.311	0.231	0.119	-1.207	0.237	

从表 5 - 13 所知，家长式领导各测量条目的偏度绝对值都小于 2，峰度绝对值都小于 3，符合 Kline（1998）所提出的判定标准，说明家长式领导的评价分值是服从正态分布的，可以进行下一步的分析。

如表 5 - 13 所示，家长式领导中的仁慈领导和德行领导两个维度的均值得分均接近 4，说明受调查对象的直接上级比较关心下属，同时为人正直，不假公济私。威权领导的均值得分为 2.719，得分相对偏低，说明受调查对象虽然感知到直接上级有表现出威权领导风格，但并不明显。

（三）公务员创新行为的描述性统计分析

公务员创新行为的描述性统计情况如表 5 - 14 所示。

表 5 - 14　　　　　　　　　　公务员创新行为的描述性统计

维度	测量题项	平均值	标准差	偏度		峰度		各维度得分
		统计	统计	统计	标准误差	统计	标准误差	
创意产生	IWB1	4.03	0.765	-0.699	0.119	0.863	0.237	4.014
	IWB2	4.12	0.732	-0.733	0.119	0.744	0.237	
	IWB3	3.89	0.840	-0.475	0.119	-0.038	0.237	
创意传播	IWB4	4.07	0.770	-0.622	0.119	0.198	0.237	3.911
	IWB5	3.74	0.895	-0.294	0.119	-0.102	0.237	
	IWB6	3.92	0.926	-0.674	0.119	0.020	0.237	
创意实施	IWB7	3.99	0.842	-0.631	0.119	0.164	0.237	3.979
	IWB8	3.97	0.861	-0.610	0.119	-0.070	0.237	
	IWB9	3.98	0.870	-0.748	0.119	0.477	0.237	

从表 5 - 14 看出，公务员创新行为各测量条目的偏度绝对值和峰度绝对值都小于 1，符合 Kline（1998）所提出的判定标准，说明公务员创新行为的评价分值是服从正态分布的，可以进行下一步的分析。

如表 5 - 14 所示，公务员创新行为的创意产生、创意传播和创意实施这三个维度的平均值得分分别为 4.014、3.911 和 3.979，说明受调查对象在创新行为方面的表现不错，特别是创意的产生，该维度得分超过了 4，显示出当前我国公务员具有较强的创新意识。在创意传播方面，题项"我的创新的想法会得到上级的认可"得分相对偏低，说明上级的支持与认可是影响公务员创新行为的一个重要影响因素。在创意实施方面，该维度的平均得分接近 4，说明我国公务员不仅具有较强的创新意识，还注重将创新的想法积极投入实践，这在一定程度上与我国当前鼓励创新、勇于担当的政策导向是相一致的。

（四）公共服务动机的描述性统计分析

公共服务动机的描述性统计情况如表 5 - 15 所示。

表 5 - 15　　　　　　　　公共服务动机的描述性统计

维度	测量题项	平均值	标准差	偏度		峰度		各维度得分
		统计	统计	统计	标准误差	统计	标准误差	
公共参与吸引	PSM1	4.25	0.704	-0.758	0.119	0.882	0.237	4.261
	PSM2	4.28	0.655	-0.508	0.119	-0.008	0.237	
公共价值承诺	PSM3	4.44	0.621	-1.068	0.119	2.431	0.237	4.439
	PSM4	4.44	0.647	-1.251	0.119	2.928	0.237	
同情心	PSM5	4.32	0.617	-0.583	0.119	0.658	0.237	4.332
	PSM6	4.34	0.630	-0.592	0.119	0.257	0.237	
自我牺牲	PSM7	4.06	0.728	-0.311	0.119	-0.416	0.237	4.017
	PSM8	3.98	0.997	-1.081	0.119	0.997	0.237	

从表 5 - 15 可知，公共服务动机各测量条目的偏度绝对值都小于 2，峰度绝对值都小于 3，符合 Kline（1998）所提出的判定标准，说明公共服务动机的评价分值是服从正态分布的，可以进行下一步的分析。

如表 5 - 15 所示，公共参与吸引、公共价值承诺、同情心和自我牺牲四个维度的均值得分均超过 4，说明受调查对象的公共服务动机水平较高，关注公共价值，具有同情心，这在一定程度上也印证了瑞尼关于公共部门员工往往具有较高的公共服务动机水平的观点。

（五）心理授权的描述性统计分析

心理授权的描述性统计情况如表 5 - 16 所示。

表 5 - 16   心理授权的描述性统计

维度	测量题项	平均值 统计	标准差 统计	偏度 统计	偏度 标准误差	峰度 统计	峰度 标准误差	各维度得分
工作意义	PE1	4.10	0.867	-0.965	0.119	0.917	0.237	4.109
	PE2	3.99	0.969	-0.961	0.119	0.722	0.237	
	PE3	4.24	0.795	-0.931	0.119	0.670	0.237	
自主性	PE4	3.77	1.009	-0.696	0.119	-0.033	0.237	3.668
	PE5	3.64	1.024	-0.499	0.119	-0.439	0.237	
	PE6	3.59	1.048	-0.549	0.119	-0.299	0.237	
工作效能	PE7	3.92	0.836	-0.634	0.119	0.162	0.237	4.093
	PE8	4.16	0.686	-0.612	0.119	0.930	0.237	
	PE9	4.20	0.700	-0.677	0.119	0.824	0.237	
工作影响	PE10	3.33	1.045	-0.166	0.119	-0.569	0.237	3.141
	PE11	3.03	1.172	0.056	0.119	-0.907	0.237	
	PE12	3.07	1.152	-0.027	0.119	-0.826	0.237	

从表 5 - 16 可知，心理授权各测量条目的偏度绝对值和峰度绝对值都小于 1，符合 Kline（1998）所提出的判定标准，说明心理授权的评价分值是服从正态分布的，可以进行下一步的分析。

如表 5 - 16 所示，心理授权包括工作意义、自主性、工作效能和工作影响 4 个维度。其中，工作意义和工作效能 2 个维度的平均值都高于4，说明受调查对象认为他们所从事的工作是有意义、有价值的，自身具备良好的能力素质，能够较好地完成工作任务的要求。自主性和工作影响2个维度的得分分别为3.668和3.141，得分相对偏低，说明受调查对象所享有的工作的独立性和自主权相对偏低，自身角色在所在部门的影响力有限，这就要求政府组织的管理者需要更多的授权，赋予下属更多的工作自主性和责任担当。

（六）差错管理氛围的描述性统计分析

差错管理氛围的描述性统计情况如表5－17所示。

表5－17　　　　　　　　　差错管理氛围的描述性统计

测量题项	平均值	标准差	偏度		峰度	
	统计	统计	统计	标准误差	统计	标准误差
EMC2	4.38	0.682	－ 1.372	0.119	3.891	0.237
EMC3	4.39	0.666	－ 1.087	0.119	2.021	0.237
EMC4	4.36	0.671	－ 0.908	0.119	1.297	0.237
EMC5	4.38	0.665	－ 1.158	0.119	2.823	0.237
EMC6	4.39	0.669	－ 1.021	0.119	1.688	0.237
EMC7	4.38	0.661	－ 1.003	0.119	1.792	0.237
EMC8	4.33	0.693	－ 0.983	0.119	1.542	0.237
EMC9	4.33	0.694	－ 0.923	0.119	1.281	0.237
EMC10	4.07	0.759	－ 0.472	0.119	0.005	0.237
EMC11	4.28	0.713	－ 0.789	0.119	0.694	0.237
EMC12	4.24	0.836	－ 1.275	0.119	2.171	0.237
EMC13	4.27	0.682	－ 0.853	0.119	1.769	0.237
EMC15	4.23	0.714	－ 0.838	0.119	0.959	0.237
EMC16	4.28	0.734	－ 0.992	0.119	1.356	0.237
EMC17	4.33	0.710	－ 1.066	0.119	1.662	0.237

从表5－17可知，差错管理氛围各测量条目的偏度绝对值都小于2，峰度绝对值都小于4，符合Kline（1998）所提出的判定标

准，说明差错管理氛围的评价分值是服从正态分布的，可以进行下一步的分析。

如表 5 - 17 所示，差错管理氛围共计 15 个题项，且每个题项的均值得分都超过 4，说明我国政府组织的差错管理氛围总体表现较好，对于差错的发生有比较高的接受度，同时善于从差错中学习改进。

（七）发展型文化的描述性统计分析

发展型文化的描述性统计情况如表 5 - 18 所示。

表 5 - 18　　　　　　　　　发展型文化的描述性统计

测量题项	平均值	标准差	偏度		峰度	
	统计	统计	统计	标准误差	统计	标准误差
DC1	3.61	1.186	-0.496	0.119	-0.773	0.237
DC2	3.90	1.063	-1.010	0.119	0.517	0.237
DC3	3.88	1.062	-0.966	0.119	0.447	0.237

从表 5 - 18 可知，发展型文化各测量条目的偏度绝对值都小于 2，峰度绝对值都小于 1，符合 Kline（1998）所提出的判定标准，说明发展型文化的评价分值是服从正态分布的，可以进行下一步的分析。

如表 5 - 18 所示，发展型文化三个测量题项的均值分别为 3.61、3.90 和 3.88，均值得分均未超过 4，总体得分不高，这在一定程度上反映了我国政府组织的文化还相对保守，对于组织所需的资源缺乏敏锐的洞察力，冒险精神和担当意识还有待进一步提高。

第四节　人口统计学变量的影响分析

关于员工创新行为的影响因素，已有部分研究从性别、年龄和工作年限等人口统计学变量进行了考察，但未曾得到一致的结论。因此，本书拟采用独立样本 T 检验（两组）和单因素方差分析（两组以上）相结合的方法，来进一步检验人口统计学变量的影响作用，具体的分析结果如表 5 – 19 所示。

表 5 – 19　　　不同人口统计学特征下的公务员创新行为及其检验

人口统计学变量		公务员创新行为			
		均值	标准差	F 值	P 值
性别	男	4.079	0.640	4.423	0.036*
	女	3.830	0.746		
年龄	30 岁及以下	3.945	0.748	1.120	0.341
	31—40 岁	3.936	0.671		
	41—50 岁	4.111	0.648		
	51 岁及以上	3.968	0.686		
工作年限	5 年及以下	3.948	0.735	1.776	0.133
	6—10 年	3.867	0.673		
	11—20 年	4.101	0.710		
	21—30 年	4.013	0.677		
	31 年及以上	4.072	0.598		
学历学位	高中/中专及以下	4.294	0.588	8.978	0.000***
	大专	4.104	0.684		
	本科	4.018	0.691		
	研究生	3.654	0.666		

续表

人口统计学变量		公务员创新行为			
		均值	标准差	F 值	P 值
行政级别	办事员	3.901	0.753	2.798	0.026 *
	科员	4.076	0.708		
	副科级	3.799	0.620		
	正科级	3.838	0.651		
	副处级及以上	3.988	0.531		

注：* 表示 p < 0.05，** 表示 p < 0.01，*** 表示 p < 0.001。

从表 5-19 可知，不同年龄和工作年限的公务员创新行为并不存在显著的差异，而性别、学历学位和行政级别的差异则对公务员创新行为产生了显著的影响。

具体而言，就性别而言，男性公务员创新行为均值为 4.079，略高于女性的 3.830；就年龄而言，41—50 岁的公务员创新行为表现最好，得分均值为 4.111，其余年龄段的公务员在创新行为方面表现持平，维持在 3.9 左右；就工作年限而言，随着工作时间的增加，公务员的创新行为表现出先降后增、再降再增的趋势，工作时间在 11—20 年的公务员表现出的创新行为最多，均值为 4.101，工作时间在 6—10 年的公务员表现出的创新行为最少，均值为 3.867。从学历学位来看，公务员创新行为的表现随着学历的升高却呈现出频率逐渐降低的趋势，这一方面可能是由于高中/中专及以下学历以及研究生学历的调查对象样本相对较少，样本的代表性有限，可能并未反映出该学历水平公务员的实际创新表现情况；另一方面也可能是由于拥有较高学历的公务员往往其级别也要高于较低学历的公务员，倾向于选择相对保守的工作作风，以规避创新失败所带来的潜在风险。从行政级别来看，办事员和科员级别的公务员的创新行为表现相对较好，这可能是由于该群体公务员的入职时间不是很长，对于工作充满热情，干劲十足，在实际工作中也较少地受到组织繁文缛节的影响，所以会更加积极地参与到创新实践中。

第五节 变量间相关分析

本书采用 SPSS24.0 分析了各变量之间的相关性，其结果如表 5 – 20 所示。相关系数 r 在 0.70—0.99 表示高度相关，在 0.40—0.69 表示中度相关，在 0.10—0.39 表示低度相关，在 0.10 以下则表示微弱相关或者不相关。

从表 5 – 20 可知，服务型领导与公务员创新行为正相关，相关系数为 0.599，在 p < 0.01 的水平上显著。在家长式领导风格中，仁慈领导与德行领导正相关（r = 0.845，p < 0.01），威权领导与仁慈领导、德行领导负相关（r = − 0.404，p < 0.01；r = − 0.390，p < 0.01）。而且，公务员创新行为与仁慈领导和德行领导正相关（r = 0.563，p < 0.01；r = 0.495，p < 0.01），与威权领导负相关（r = − 0.161，p < 0.01）。

公共服务动机与服务型领导、仁慈领导和德行领导正相关，其相关系数分别为 0.477、0.461 和 0.464，在 p < 0.01 的水平上显著，与威权领导负相关（r = − 0.133，p < 0.01）。公共服务动机与公务员创新行为正相关（r = 0.568，p < 0.01）。心理授权与服务型领导、仁慈领导和德行领导正相关，其相关系数分别为 0.569、0.522 和 0.488，在 p < 0.01 的水平上显著，与威权领导没有显著的相关性。心理授权与公务员创新行为正相关（r = 0.714，p < 0.01）。

差错管理氛围与服务型领导、仁慈领导和德行领导正相关，其相关系数分别为 0.580、0.536 和 0.582，在 p < 0.01 的水平上显著，与威权领导负相关，其相关系数为 − 0.226，在 p < 0.05 的水

表 5 – 20

变量的相关系数 (n = 421)

变量	SEX	AGE	AREA	TIME	EDU	CLASS	SL	BL	ML	AL	PSM	EMC	PE	DC	IWB
SEX															
AGE	-0.167**														
AREA	0.008	0.287**													
TIME	-0.195**	0.810**	0.219**												
EDU	0.114*	-0.120*	-0.354**	-0.146**											
CLASS	-0.119*	0.286**	-0.158**	0.297**	0.404**										
SL	-0.041	0.010	0.225**	0.049	-0.271**	-0.203**									
BL	-0.075	-0.007	0.200*	0.023	-0.244**	-0.175**	0.905**								
ML	-0.028	-0.023	0.205**	-0.005	-0.218**	-0.179**	0.863**	0.845**							
AL	-0.005	-0.077	-0.060	-0.084	0.075	0.055	-0.376**	-0.404**	-0.390**						
PSM	-0.004	-0.020	0.173**	-0.044	-0.085	-0.051	0.477**	0.461**	0.464**	-0.133**					
EMC	-0.012	0.055	0.208*	0.072	-0.136**	-0.057	0.580**	0.536**	0.582**	-0.226**	0.649**				
PE	-0.067	0.066	0.248**	0.042	-0.211**	-0.128**	0.569**	0.522**	0.488**	-0.050	0.524**	0.604**			
DC	-0.084	0.037	0.263**	0.051	-0.219**	-0.167**	0.701**	0.657**	0.663**	-0.233**	0.450**	0.616**	0.610**		
IWB	-0.177**	0.056	0.221**	0.075	-0.225**	-0.048	0.599**	0.563**	0.495**	-0.161**	0.568**	0.636**	0.714**	0.663**	

注：①SEX 表示性别，AGE 表示年龄，AREA 表示工作地点，TIME 表示工作年限，EDU 表示学历学位，CLASS 表示行政级别，SL 表示服务型领导，BL 表示仁慈领导，ML 表示德行领导，AL 表示威权领导，PSM 表示公共服务动机，EMC 表示差错管理氛围，PE 表示心理授权，DC 表示发展型文化，IWB 表示公务员创新行为；

②* 表示 p < 0.05，** 表示 p < 0.01。

平上显著。差错管理氛围与公务员创新行为正相关（r = 0.636，p < 0.01）。发展型文化与服务型领导、仁慈领导和德行领导正相关，其相关系数分别为 0.701、0.657 和 0.663，在 p < 0.01 的水平上显著，与威权领导负相关，其相关系数为 - 0.233，在 p < 0.01 的水平上显著。发展型文化与公务员创新行为正相关（r = 0.663，p < 0.01）。

经过相关分析，可以初步了解各变量之间的相互关系，为下一步的假设检验奠定基础。

第六节　主效应检验

为了探讨各研究变量之间的相互关系，本书拟采用 Amos 24.0 逐一检验前文所提出的研究假设。

（一）服务型领导与公务员创新行为

建立服务型领导影响公务员创新行为的作用模型，通过运行 Amos 24.0，可以得出结构方程模型的各项拟合度指标。其中，$X^2/df = 2.483$，小于 3，GFI = 0.971，AGFI = 0.938，NFI = 0.984，IFI = 0.990，TLI = 0.983，CFI = 0.990，均大于 0.9，RMSEA = 0.059，小于 0.08，表明各指标的拟合效果很完美。

服务型领导对公务员创新行为的作用模型如图 5 - 8 所示。服务型领导对公务员创新行为的标准化路径系数为 0.62，p 值为 0.000，在 0.001 的水平上显著，说明服务型领导对公务员创新行为有显著的正向影响，假设 H1 得到验证。

（二）仁慈领导与公务员创新行为

建立仁慈领导影响公务员创新行为的作用模型，通过运行 Amos 24.0，可以得出结构方程模型的各项拟合度指标。其中，$X^2/df = 2.300$，小于 3，GFI = 0.977，AGFI = 0.950，NFI = 0.986，

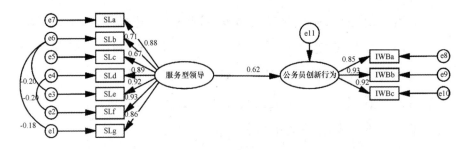

图 5 - 8   服务型领导影响公务员创新行为的作用模型

IFI = 0. 992，TLI = 0. 986，CFI = 0. 987，均大于 0. 9，RMSEA = 0. 056，小于 0. 08，表明各指标的拟合效果很完美。

仁慈领导对公务员创新行为的作用模型如图 5 - 9 所示。仁慈领导对公务员创新行为的标准化路径系数为 0. 61，p 值为 0. 001，达到显著性水平，说明仁慈领导对公务员创新行为有显著正向影响，假设 H2a 得到验证。

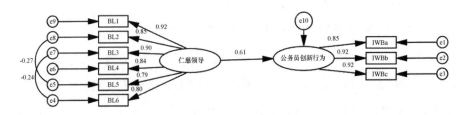

图 5 - 9   仁慈领导影响公务员创新行为的作用模型

(三) 德行领导与公务员创新行为

建立德行领导影响公务员创新行为的作用模型，通过运行 Amos 24. 0，可以得出结构方程模型的各项拟合度指标。其中，$X^2/df = 2. 562$，小于 3，GFI = 0. 983，AGFI = 0. 954，NFI = 0. 990，IFI = 0. 994，TLI = 0. 988，CFI = 0. 994，均大于 0. 9，RMSEA = 0. 061，小于 0. 08，表明各指标的拟合效果很完美。

德行领导对公务员创新行为的作用模型如图 5 - 10 所示。德行领导对公务员创新行为的标准化路径系数为 0.53，p 值为 0.004，达到显著性水平，说明德行领导对公务员创新行为有显著正向影响，假设 H2b 得到验证。

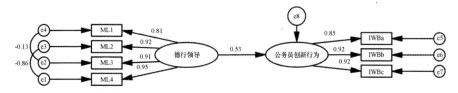

图 5 - 10 德行领导影响公务员创新行为的作用模型

（四）威权领导与公务员创新行为

建立威权领导影响公务员创新行为的作用模型，通过运行 Amos 24.0，可以得出结构方程模型的各项拟合度指标。其中，$X^2/df = 1.794$，小于 3，GFI = 0.976，AGFI = 0.954，NFI = 0.982，IFI = 0.992，TLI = 0.988，CFI = 0.992，均大于 0.9，RMSEA = 0.043，小于 0.08，表明各指标的拟合效果很完美。

威权领导对公务员创新行为的作用模型如图 5 - 11 所示。威权领导对公务员创新行为的标准化路径系数为 - 0.19，p 值为 0.000，在 0.001 的水平上显著，说明威权领导对公务员创新行为有显著负向影响，假设 H2c 得到验证。

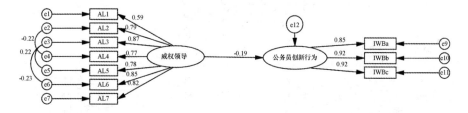

图 5 - 11 威权领导影响公务员创新行为的作用模型

第七节　中介效应检验

一　公共服务动机的中介作用

在验证服务型领导、仁慈领导、德行领导和威权领导对公务员创新行为的直接效果后，本书继续采用 Amos 24.0 检验公共服务动机在服务型领导、仁慈领导、德行领导与威权领导等领导风格与公务员创新行为之间的中介作用。

（一）公共服务动机在服务型领导与公务员创新行为之间的中介作用

建立公共服务动机在服务型领导对公务员创新行为影响的中介作用模型，通过运行 Amos 24.0，可以得出结构方程模型的各项拟合度指标。其中，$X^2/df = 2.763$，小于3，GFI = 0.945，AGFI = 0.911，NFI = 0.963，IFI = 0.976，TLI = 0.967，CFI = 0.976，均大于0.9，RMSEA = 0.065，小于0.08，表明各指标的拟合效果很完美。

公共服务动机在服务型领导与公务员创新行为之间的中介作用模型如图5-12所示。

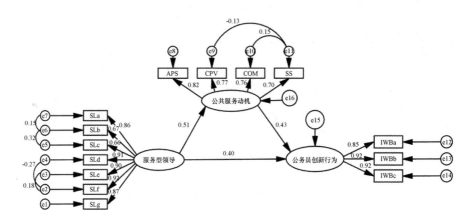

图5-12　公共服务动机在服务型领导与公务员创新行为之间的中介作用模型

同时结合表 5 -21 所示的模型参数估计可知，服务型领导与公共服务动机和公务员创新行为正相关（β = 0.507，p < 0.001；β = 0.398，p < 0.001），公共服务动机与公务员创新行为正相关（β = 0.439，p < 0.001）；当在模型中加入公共服务动机后，服务型领导对公务员创新行为的标准化路径系数由 0.62 降至 0.40，且达到了显著性水平，这说明公共服务动机在服务型领导与公务员创新行为之间发挥着中介作用，假设 H3a 得到验证。

表 5 -21　　公共服务动机对服务型领导与公务员创新行为的直接作用模型参数估计

	标准化路径系数	标准差（S. E.）	临界比（C. R.）	显著性概率
PSM←SL	0.507	0.028	9.561	***
IWB←SL	0.398	0.030	8.220	***
IWB←PSM	0.439	0.061	8.334	***

注：①SL 表示服务型领导，PSM 表示公共服务动机，IWB 表示公务员创新行为；

　　②* 表示 p < 0.05，** 表示 p < 0.01，*** 表示 p < 0.001。

（二）公共服务动机在仁慈领导与公务员创新行为之间的中介作用

建立公共服务动机在仁慈领导对公务员创新行为影响的中介作用模型，通过运行 Amos 24.0，可以得出结构方程模型的各项拟合度指标。其中，$X^2/df = 2.002$，小于 3，GFI = 0.960，AGFI = 0.936，NFI = 0.974，IFI = 0.987，TLI = 0.982，CFI = 0.987，均大于 0.9，RMSEA = 0.049，小于 0.08，表明各指标的拟合效果很完美。

公共服务动机在仁慈领导与公务员创新行为之间的中介作用模型如图 5 -13 所示。

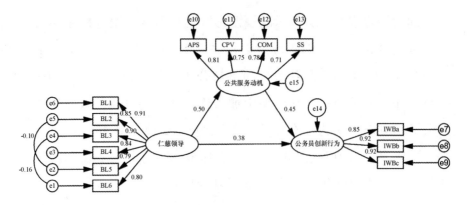

**图 5 - 13 公共服务动机在仁慈领导与公务员创新行为
之间的中介作用模型**

同时结合表 5 - 22 所示的模型参数估计可知，仁慈领导与公共
服务动机和公务员创新行为正相关（$\beta = 0.504$，$p < 0.001$；$\beta =$
0.382，$p < 0.001$），公共服务动机与公务员创新行为正相关（$\beta =$
0.449，$p < 0.001$）；当在模型中加入公共服务动机后，仁慈领导对
公务员创新行为的标准化路径系数由 0.61 降至 0.38，且达到了显
著性水平，这说明公共服务动机在仁慈领导与公务员创新行为之间
发挥着中介作用，假设 H3b 得到验证。

**表 5 - 22 公共服务动机对仁慈领导与公务员创新行为的直接
作用模型参数估计**

	标准化路径系数	标准差（S. E.）	临界比（C. R.）	显著性概率
PSM←BL	0.504	0.030	9.215	***
IWB←PSM	0.449	0.061	8.429	***
IWB←BL	0.382	0.032	7.634	***

注：①BL 表示仁慈领导，PSM 表示公共服务动机，IWB 表示公务员创新行为；

②* 表示 $p < 0.05$，** 表示 $p < 0.01$，*** 表示 $p < 0.001$。

（三）公共服务动机在德行领导与公务员创新行为之间的中介作用

建立公共服务动机在德行领导对公务员创新行为影响的中介作用模型，通过运行 Amos 24.0，可以得出结构方程模型的各项拟合度指标。其中，$X^2/df = 2.559$，小于 3，GFI = 0.960，AGFI = 0.932，NFI = 0.972，IFI = 0.983，TLI = 0.976，CFI = 0.983，均大于 0.9，RMSEA = 0.061，小于 0.08，表明各指标的拟合效果很完美。

公共服务动机在德行领导与公务员创新行为之间的中介作用模型如图 5 - 14 所示。

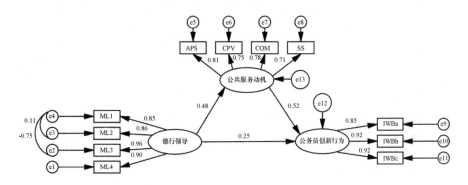

图5-14 公共服务动机在德行领导与公务员创新行为之间的中介作用模型

同时结合表 5 - 23 所示的模型参数估计可知，德行领导与公共服务动机和公务员创新行为正相关（β = 0.480，p < 0.001；β = 0.253，p < 0.001），公共服务动机与公务员创新行为正相关（β = 0.520，p < 0.001）；当在模型中加入公共服务动机后，德行领导对公务员创新行为的标准化路径系数由 0.53 降至 0.25，且达到了显著性水平，这说明公共服务动机在德行领导与公务员创新行为之间发挥着中介作用，假设 H3c 得到验证。

表 5 - 23　　　公共服务动机对德行领导与公务员创新行为的直接
作用模型参数估计

	标准化路径系数	标准差（S. E.）	临界比（C. R.）	显著性概率
PSM←ML	0.480	0.028	9.268	***
IWB←PSM	0.520	0.065	9.300	***
IWB←ML	0.253	0.030	5.283	***

注：①ML 表示德行领导，PSM 表示公共服务动机，IWB 表示公务员创新行为；

②* 表示 p<0.05，** 表示 p<0.01，*** 表示 p<0.001。

（四）公共服务动机在威权领导与公务员创新行为之间的中介
作用

建立公共服务动机在威权领导对公务员创新行为影响的中介作
用模型，通过运行 Amos 24.0，可以得出结构方程模型的各项拟合度
指标。其中，$X^2/df = 1.752$，小于 3，GFI = 0.960，AGFI = 0.940，
NFI = 0.968，IFI = 0.986，TLI = 0.982，CFI = 0.986，均大于 0.9，
RMSEA = 0.042，小于 0.08，表明各指标的拟合效果很完美。

公共服务动机在威权领导与公务员创新行为之间的中介作用模
型如图 5 - 15 所示。

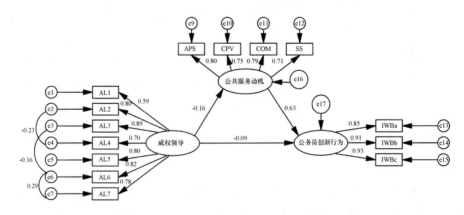

图 5 - 15　公共服务动机在威权领导与公务员创新行为之间的中介作用模型

同时结合表 5 - 24 所示的模型参数估计可知，威权领导与公共服务动机和公务员创新行为负相关（$\beta = -0.165$，$p < 0.01$；$\beta = -0.089$，$p < 0.05$），公共服务动机与公务员创新行为正相关（$\beta = 0.626$，$p < 0.001$）；当在模型中加入公共服务动机后，威权领导对公务员创新行为的标准化路径系数由 -0.19 降至 -0.09，且达到了显著性水平，这说明公共服务动机在威权领导与公务员创新行为之间发挥着中介作用，假设 H3d 得到验证。

表 5 - 24　　　　公共服务动机对威权领导与公务员创新行为的直接
作用模型参数估计

	标准化路径系数	标准差（S. E.）	临界比（C. R.）	显著性概率
PSM←AL	-0.165	0.027	-2.936	0.003
IWB←PSM	0.626	0.063	11.150	***
IWB←AL	-0.089	0.025	-1.960	0.045

注：①AL 表示威权领导，PSM 表示公共服务动机，IWB 表示公务员创新行为；

②＊表示 $p < 0.05$，＊＊表示 $p < 0.01$，＊＊＊表示 $p < 0.001$。

二　心理授权的中介作用

在验证完公共服务动机的中介作用后，接下来本书继续采用 A-mos 24.0 检验心理授权在服务型领导、仁慈领导、德行领导以及威权领导与公务员创新行为之间的中介作用。

（一）心理授权在服务型领导与公务员创新行为之间的中介作用

建立心理授权在服务型领导对公务员创新行为影响的中介作用模型，通过运行 Amos 24.0，可以得出结构方程模型的各项拟合度指标。其中，$X^2/df = 2.933$，小于 3，GFI $= 0.941$，AGFI $= 0.905$，NFI $= 0.961$，IFI $= 0.974$，TLI $= 0.964$，CFI $= 0.974$，均大于 0.9，RMSEA $= 0.068$，小于 0.08，表明各指标的拟合效果很完美。

　　心理授权在服务型领导与公务员创新行为之间的中介作用模型如图 5 – 16 所示。

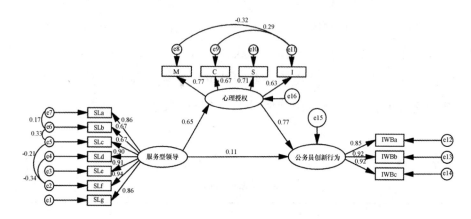

图 5 – 16　心理授权在服务型领导与公务员创新行为之间的中介作用模型

　　同时结合表 5 – 25 所示的模型参数估计可知，服务型领导与心理授权和公务员创新行为正相关（$\beta = 0.668$，$p < 0.001$；$\beta = 0.119$，$p < 0.05$），心理授权与公务员创新行为正相关（$\beta = 0.764$，$p < 0.001$）；当在模型中加入心理授权后，服务型领导对公务员创新行为的标准化路径系数由 0.62 降至 0.11，且达到了显著性水平，这说明心理授权在服务型领导与公务员创新行为之间发挥着中介作用，假设 H4a 得到验证。

表 5 – 25　　心理授权对服务型领导与公务员创新行为的直接

作用模型参数估计

	标准化路径系数	标准差（S. E.）	临界比（C. R.）	显著性概率
PE←SL	0.668	0.034	12.535	***
IWB←PE	0.764	0.070	10.624	***
IWB←SL	0.119	0.033	2.209	0.027

　　注：①SL 表示服务型领导，PE 表示心理授权，IWB 表示公务员创新行为；

　　②＊表示 $p < 0.05$，＊＊表示 $p < 0.01$，＊＊＊表示 $p < 0.001$。

（二）心理授权在仁慈领导与公务员创新行为之间的中介作用

建立心理授权在仁慈领导对公务员创新行为影响的中介作用模型，通过运行 Amos 24.0，可以得出结构方程模型的各项拟合度指标。其中，$X^2/df = 2.625$，小于 3，GFI = 0.954，AGFI = 0.923，NFI = 0.967，IFI = 0.979，TLI = 0.971，CFI = 0.979，均大于 0.9，RMSEA = 0.062，小于 0.08，表明各指标的拟合效果很完美。

心理授权在仁慈领导与公务员创新行为之间的中介作用模型如图 5 - 17 所示。

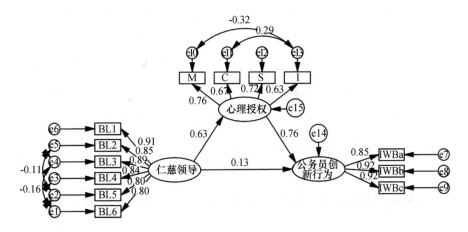

图 5 - 17　心理授权在仁慈领导与公务员创新行为之间的中介作用模型

同时结合表 5 - 26 所示的模型参数估计可知，仁慈领导与心理授权和公务员创新行为正相关（β = 0.631，p < 0.001；β = 0.128，p < 0.05），心理授权与公务员创新行为正相关（β = 0.762，p < 0.001）；当在模型中加入心理授权后，仁慈领导对公务员创新行为的标准化路径系数由 0.61 降至 0.13，且达到了显著性水平，这说明心理授权在仁慈领导与公务员创新行为之间发挥着中介作用，假设 H4b 得到验证。

表 5 - 26　　　心理授权对仁慈领导与公务员创新行为的直接作用
模型参数估计

	标准化路径系数	标准差（S. E.）	临界比（C. R.）	显著性概率
PE←BL	0.631	0.038	10.939	***
IWB←PE	0.762	0.069	10.773	***
IWB←BL	0.128	0.034	2.428	0.015

注：①SL 表示服务型领导，PE 表示心理授权，IWB 表示公务员创新行为；

②＊表示 p < 0.05，＊＊表示 p < 0.01，＊＊＊表示 p < 0.001。

（三）心理授权在德行领导与公务员创新行为之间的中介作用

建立心理授权在德行领导对公务员创新行为影响的中介作用模型，通过运行 Amos 24.0，可以得出结构方程模型的各项拟合度指标。其中，$X^2/df = 3.633$，略大于 3 小于 5，GFI = 0.948，AGFI = 0.907，NFI = 0.963，IFI = 0.973，TLI = 0.960，CFI = 0.973，均大于 0.9，RMSEA = 0.079，小于 0.08，表明各指标的拟合效果基本符合要求。

心理授权在德行领导与公务员创新行为之间的中介作用模型如图 5 - 18 所示。

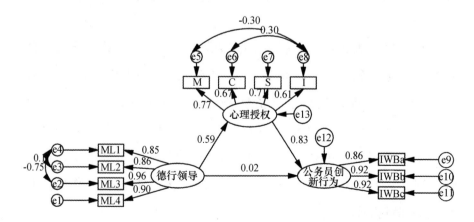

图 5 - 18　心理授权在德行领导与公务员创新行为之间的中介作用模型

同时结合表 5 - 27 所示的模型参数估计可知，德行领导与心理授权正相关（β = 0.586，p < 0.001），心理授权与公务员创新行为正相关（β = 0.833，p < 0.001）；当在模型中加入心理授权后，德行领导对公务员创新行为的标准化路径系数由 0.53 降至 0.02，且 p 值为 0.759，没有达到显著性水平，这说明心理授权在德行领导与公务员创新行为之间发挥着完全中介作用，假设 H4c 得到验证。

表 5 - 27　　心理授权对德行领导与公务员创新行为的直接作用
模型参数估计

	标准化路径系数	标准差（S. E.）	临界比（C. R.）	显著性概率
PE←ML	0.586	0.035	11.039	***
IWB←PE	0.833	0.068	11.778	***
IWB←ML	0.015	0.031	0.307	0.759

注：①ML 表示德行领导，PE 表示心理授权，IWB 表示公务员创新行为；

　　②＊表示 p < 0.05，＊＊表示 p < 0.01，＊＊＊表示 p < 0.001。

（四）心理授权在威权领导与公务员创新行为之间的中介作用

建立心理授权在威权领导对公务员创新行为影响的中介作用模型，通过运行 Amos 24.0，可以得出结构方程模型的各项拟合度指标。其中，$X^2/df = 2.850$，小于 3，GFI = 0.941，AGFI = 0.909，NFI = 0.950，IFI = 0.967，TLI = 0.956，CFI = 0.967，均大于 0.9，RMSEA = 0.066，小于 0.08，表明各指标的拟合效果很完美。

心理授权在威权领导与公务员创新行为之间的中介作用模型如图 5 - 19 所示。

同时结合表 5 - 28 所示的模型参数估计可知，虽然心理授权与公务员创新行为正相关（β = 0.833，p < 0.001），威权领导与公务员创新行为负相关（β = - 0.101，p < 0.01），但威权领导与心理授权没有表现出显著的相关性（β = - 0.103，p = 0.067），这说明

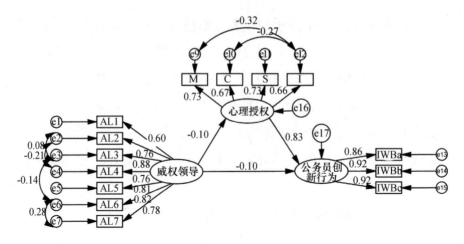

图 5 - 19 心理授权在威权领导与公务员创新行为之间的中介作用模型

心理授权在威权领导与公务员创新行为之间没有发挥中介作用，假设 H4d 没有得到验证。

表 5 - 28 心理授权对威权领导与公务员创新行为的直接作用
模型参数估计

	标准化路径系数	标准差（S. E.）	临界比（C. R.）	显著性概率
PE←AL	- 0. 103	0. 032	- 1. 834	0. 067
IWB←PE	0. 833	0. 063	13. 405	***
IWB←AL	- 0. 101	0. 021	- 2. 739	0. 006

注：①AL 表示威权领导，PE 表示心理授权，IWB 表示公务员创新行为；

②*表示 $p < 0.05$，**表示 $p < 0.01$，***表示 $p < 0.001$。

第八节 调节效应检验

如果说中介变量解释的是变量之间关系的内部作用机制，那么调节效应就是尝试探讨变量发生作用的边界条件，也就是探讨变量之间的关系在不同条件下是否会发生显著变化。本书拟采用 Hayes

（2018）所开发的 SPSS 宏程序 Process 3.2 来分别检验差错管理氛围以及发展型文化的调节作用。为了减小交互项可能存在的多重共线性问题，先对自变量和调节变量进行了中心化处理。通过观察交互项的显著性来检验调节变量的调节作用。

一　差错管理氛围的调节作用

在 process 3.2 中，首先将公务员创新行为作为因变量，差错管理氛围作为调节变量，将性别、年龄、工作地点、工作年限、学历学位和行政级别作为控制变量，然后分别将服务型领导、仁慈领导、德行领导和威权领导作为自变量，设定样本量为5000，置信区间置信度为95%，从而分别检验差错管理氛围在不同的领导风格与公务员创新行为之间的调节效应。具体分析结果汇总如表5－29所示。

表 5－29　　　　　　　　　差错管理氛围的调节作用检验结果

因变量	交互项	$\triangle R^2$	P 值	95% 置信区间	
				LLCI	ULCI
IWB	SL × EMC	0.014	0.001	0.065	0.235
	BL × EMC	0.015	0.000	0.071	0.238
	ML × EMC	0.018	0.000	0.067	0.212
	AL × EMC	0.000	0.677	− 0.093	0.060

注：①SL 表示服务型领导，BL 表示仁慈领导，ML 表示德行领导，AL 表示威权领导，EMC 表示差错管理氛围，IWB 表示公务员创新行为；

②* 表示 $p < 0.05$，** 表示 $p < 0.01$，*** 表示 $p < 0.001$。

差错管理氛围对服务型领导和公务员创新行为之间的调节效应为0.014，95%的置信区间分别为 [0.065, 0.235]，置信区间不包含0在内，p 值为0.001，说明差错管理氛围在服务型领导与公务员创新行为之间发挥着显著的调节作用，假设 H5a 得到验证；图 5 – 20 清晰地展示了差错管理氛围在服务型领导与公务员创新行为之间的调节作用，由图可知，相对于低差错管理氛围而言，服务型领导在高差错管理氛围条件下会激发公务员做出更多的创新行为。

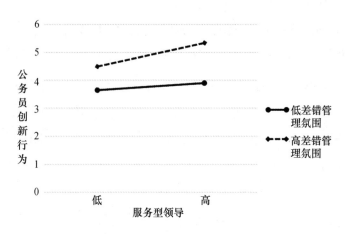

图 5 – 20   差错管理氛围对服务型领导与公务员创新行为的调节作用

差错管理氛围对仁慈领导和公务员创新行为之间的调节效应为 0.015，95% 的置信区间分别为 [0.071，0.238]，置信区间不包含 0 在内，p 值为 0.000，说明差错管理氛围在仁慈领导与公务员创新行为之间发挥着显著的调节作用，假设 H5b 得到验证；图 5 – 21 清晰地展示了差错管理氛围在仁慈领导与公务员创新行为之间的调节作用，由图可知，相对于低差错管理氛围而言，仁慈领导在高差错管理氛围条件下会激发公务员做出更多的创新行为。

差错管理氛围对德行领导和公务员创新行为之间的调节效应为 0.018，95% 的置信区间分别为 [0.067，0.212]，置信区间不包含 0 在内，p 值为 0.000，说明差错管理氛围在德行领导与公务员创新行为之间发挥着显著的调节作用，假设 H5c 得到验证；图 5 – 22 清

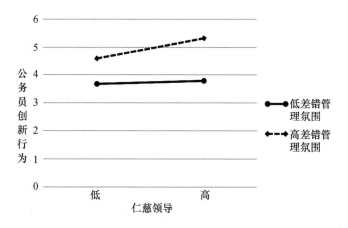

图5-21 差错管理氛围对仁慈领导与公务员创新行为的调节作用

晰地展示了差错管理氛围在德行领导与公务员创新行为之间的调节作用，由图可知，相对于低差错管理氛围而言，德行领导在高差错管理氛围条件下会激发公务员做出更多的创新行为。

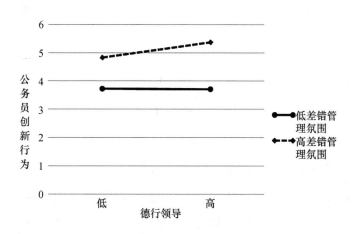

图5-22 差错管理氛围对德行领导与公务员创新行为的调节作用

在检验差错管理氛围对威权领导和公务员创新行为之间的调节效应时，95%的置信区间分别为［-0.093，0.060］，置信区间包含0在内，p值为0.677，说明差错管理氛围在威权领导与公务员创新行为之间没有发挥调节作用，假设 H5d 没有得到验证。

二 发展型文化的调节作用

随后在 process 3.2 中，首先将公务员创新行为作为因变量，发展型文化作为调节变量，将性别、年龄、工作地点、工作年限、学历学位和行政级别作为控制变量，然后分别将服务型领导、仁慈领导、德行领导和威权领导作为自变量，设定样本量为5000，置信区间置信度为95%，从而分别检验发展型文化在不同的领导风格与公务员创新行为之间的调节效应。具体分析结果如表5-30所示。

表5-30　　　　　　　　　发展型文化的调节作用检验结果

因变量	交互项	$\triangle R^2$	P 值	95% 置信区间	
				LLCI	ULCI
IWB	SL × DC	0.036	0.000	0.086	0.177
	BL × DC	0.034	0.000	0.072	0.155
	ML × DC	0.024	0.000	0.053	0.212
	AL × DC	0.001	0.364	-0.023	0.062

注：①SL 表示服务型领导，BL 表示仁慈领导，ML 表示德行领导，AL 表示威权领导，DC 表示发展型文化，IWB 表示公务员创新行为；

②* 表示 $p < 0.05$，** 表示 $p < 0.01$，*** 表示 $p < 0.001$。

发展型文化对服务型领导和公务员创新行为之间的调节效应为 0.036，95% 的置信区间分别为 [0.086，0.177]，置信区间不包含 0 在内，p 值为 0.000，说明发展型文化在服务型领导与公务员创新行为之间发挥着显著的调节作用，假设 H6a 得到验证；图5-23清晰地展示了发展型文化在服务型领导与公务员创新行为之间的调节作用，由图可知，相对于低发展型文化而言，服务型领导在高发展型文化条件下会激发公务员做出更多的创新行为。

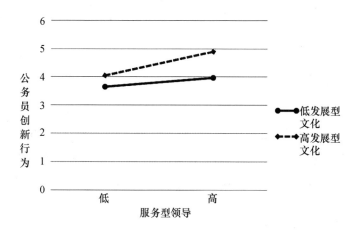

图 5 – 23　发展型文化对服务型领导与公务员创新行为的调节作用

　　发展型文化对仁慈领导和公务员创新行为之间的调节效应为 0.034，95% 的置信区间分别为 [0.072，0.155]，置信区间不包含 0 在内，p 值为 0.000，说明发展型文化在仁慈领导与公务员创新行为之间发挥着显著的调节作用，假设 H6b 得到验证；图 5 – 24 清晰地展示了发展型文化在仁慈领导与公务员创新行为之间的调节作用，由图可知，相对于低发展型文化而言，仁慈领导在高发展型文化条件下会激发公务员做出更多的创新行为。

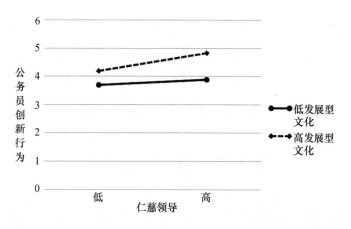

图 5 – 24　发展型文化对仁慈领导与公务员创新行为的调节作用

发展型文化对德行领导和公务员创新行为之间的调节效应为
0.024，95%的置信区间分别为［0.053，0.212］，置信区间不包含
0在内，p值为0.000，说明发展型文化在德行领导与公务员创新行
为之间发挥着显著的调节作用，假设 H6c 得到验证；图 5－25 清晰
地展示了发展型文化在德行领导与公务员创新行为之间的调节作
用，由图可知，相对于低发展型文化而言，德行领导在高发展型文
化条件下会激发公务员做出更多的创新行为。

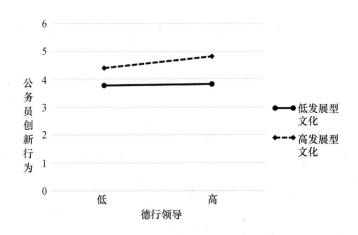

图 5－25　发展型文化对德行领导与公务员创新行为的调节作用

发展型文化对威权领导和公务员创新行为之间的调节效应为
0.001，95%的置信区间分别为［－0.023，0.062］，置信区间包含
0在内，p值为0.364，说明发展型文化在威权领导与公务员创新行
为之间的调节作用不显著，假设 H6d 没有得到验证。

第九节　假设验证汇总

依据社会认同理论、社会交换理论、自我决定理论和计划行为
理论等理论基础以及各变量的文献梳理，本书共提出 20 个研究假

设,基于问卷调查获取一手数据之后,通过 Amos 结构方程模型检验和 Process 宏程序检验,17 个假设得到支持,3 个假设没有得到支持,假设检验结果如表 5 - 31 所示。

表 5 - 31 研究假设检验结果汇总

序号	假设内容	结论
H1	服务型领导对公务员创新行为有正向影响	支持
H2a	仁慈领导对公务员创新行为有正向影响	支持
H2b	德行领导对公务员创新行为有正向影响	支持
H2c	威权领导对公务员创新行为有负向影响	支持
H3a	公共服务动机在服务型领导与公务员创新行为之间起中介作用	支持
H3b	公共服务动机在仁慈领导与公务员创新行为之间起中介作用	支持
H3c	公共服务动机在德行领导与公务员创新行为之间起中介作用	支持
H3d	公共服务动机在威权领导与公务员创新行为之间起中介作用	支持
H4a	心理授权在服务型领导与公务员创新行为之间起中介作用	支持
H4b	心理授权在仁慈领导与公务员创新行为之间起中介作用	支持
H4c	心理授权在德行领导与公务员创新行为之间起中介作用	支持
H4d	心理授权在威权领导与公务员创新行为之间起中介作用	不支持
H5a	差错管理氛围在服务型领导与公务员创新行为之间起调节作用	支持
H5b	差错管理氛围在仁慈领导与公务员创新行为之间起调节作用	支持
H5c	差错管理氛围在德行领导与公务员创新行为之间起调节作用	支持
H5d	差错管理氛围在威权领导与公务员创新行为之间起调节作用	不支持
H6a	发展型文化在服务型领导与公务员创新行为之间发挥调节作用	支持
H6b	发展型文化在仁慈领导与公务员创新行为之间发挥调节作用	支持
H6c	发展型文化在德行领导与公务员创新行为之间发挥调节作用	支持
H6d	发展型文化在威权领导与公务员创新行为之间发挥调节作用	不支持

具体而言,服务型领导、家长式领导与公务员创新行为具有显著的相关性。其中,服务型领导对公务员创新行为有显著的正向影响,家长式领导的仁慈领导和德行领导 2 个维度对公务员创新行为有显著的正向影响,威权领导对公务员创新行为有显著的负向影

响。公共服务动机在服务型领导、家长式领导与公务员创新行为之间发挥着中介作用；心理授权在服务型领导、仁慈领导、德行领导与公务员创新行为之间发挥着中介作用；心理授权在威权领导与公务员创新行为之间的中介作用没有得到数据的验证。差错管理氛围和发展型文化在服务型领导、仁慈领导、德行领导与公务员创新行为之间发挥着调节作用。具体而言，当个体感知到的差错管理氛围或者发展型文化较高时，服务型领导、仁慈领导和德行领导对公务员创新行为的正向影响会增强；当个体感知到的差错管理氛围或者发展型文化较低时，服务型领导、仁慈领导和德行领导对公务员创新行为的正向影响会减弱。此外，实证研究还发现，差错管理氛围和发展型文化在威权领导与公务员创新行为之间的调节作用没有得到数据的支持。

第 六 章

研究结论与展望

第一节　结果讨论

创新是引领发展的第一动力，公务员的创新行为直接关乎政府组织流程的不断改进和服务效能的不断提升。本书以"领导风格如何影响公务员创新行为"为研究主题，重点回答了我国政府组织情境下的以下主要问题：（1）我国公务员所感知到的领导风格、公共服务动机、心理授权、差错管理氛围、发展型文化和他们的创新行为表现如何？（2）服务型领导、家长式领导等领导风格是否会对公务员的创新行为产生显著影响？（3）如果领导风格会显著地影响公务员的创新行为，那么是如何发挥作用的，其内在的作用机制如何？（4）领导风格对于公务员创新行为的影响在不同的文化情景下是否会表现出显著的差异，具体的变化表现如何？在确定了研究主题与关键议题之后，本书以公务员为调查对象，通过文献梳理、假设提出、问卷调查以及实证检验等环节，得出了以下研究发现。

一　不同领导风格类型对公务员创新行为具有显著的预测作用

通过文献梳理分析以及结合我国政府组织的实际情景，本书选择服务型领导和家长式领导两种不同的领导风格，并通过实证调查验证了不同的领导风格类型与公务员创新行为之间的相互关系。考虑到家长式领导的仁慈领导、德行领导和威权领导三个维度之间的内涵差异较大，因此对其展开了相对独立的研究。实证结果表明，服务型领导、仁慈领导、德行领导与公务员创新行为正相关，威权领导与公务员创新行为负相关。

具体而言，服务型领导对公务员创新行为具有显著的正向影响，其标准化路径系数为 0.62，p 值为 0.000。服务型领导强调服务优先（serve first），它源起于个体想要服务他人的一种自然的感觉，由这种感觉激发他们去承担领导者的角色。服务优先和领导优先是两种截然不同的领导风格类型（Greenleaf，1997/2002）。在坚持"服务优先而非领导优先"的领导哲学下，学者们认为服务型领导包含主动性、倾听、说服、远见、概念化能力、授权和发展他人等诸多特征，这在一定程度上丰富了服务型领导的内涵。主动性、倾听等特质有利于满足员工的内在需要，激发下属的创新欲望；远见和概念化能力则可以通过生动的远景规划和细致的概念分析，为下属指明创新的方向；授权以及注重对下属的培养和发展则为下属创新行为的发生提供了充分的机会，激发下属能够创新、敢于创新。

至于家长式领导，研究结果表明，仁慈领导和德行领导对公务员创新行为具有显著的正向影响（$\beta = 0.61$，$p < 0.01$；$\beta = 0.53$，$p < 0.01$）。仁慈领导会照顾下属、维护下属的面子，激发下属的感恩图报；德行领导以公私分明和以身作则为特质，强调行为表率，有利于激发下属的认同效法。依据社会认同理论和社会学习理论，仁慈领导和德行领导通过对下属的关怀激励和德行垂范，下属出于对上级的回报，会更有可能选择通过创新的工作方式改进工作，从而表现出更多的创新行为。关于威权领导与公务员创新行为之间的关系，实证研究表明，威权领导对于公务员创新行为具有显著的负

向影响（β = − 0.19，p = 0.000）。威权领导包括专权作风、贬抑下属能力、形象整饬以及教诲行为等四种常见行为类型。作为一种负向的领导类型，威权领导对于员工的心理状态以及行为方式也会产生负面影响。杨五洲等（2014）专门探讨了威权领导与员工工作投入的关系，结果发现，威权领导对于下属工作投入中的活力和奉献两个维度会产生显著的负向影响。创新行为是一种高投入、高风险的行为表现，只有下属具有活跃的思维、足够的奉献精神，才有可能在工作中积极创新。因此，威权领导重视控制、作风严苛，不利于激发下属的创新行为表现。

二　公共服务动机在领导风格与公务员创新行为之间发挥一定的中介作用

公共服务动机是一种超越个体利益，重视服务大众的利他动机。问卷调查表明，公共服务动机的公共参与吸引、公共价值承诺、同情心和自我牺牲四个维度的均值得分分别为 4.261、4.439、4.332 和 4.017，这说明我国公务员的公共服务动机水平相对较高。本书关注公共部门的员工创新行为，因此将公共服务动机这一独特的变量引入领导风格对于公务员创新行为的作用过程，以期了解领导风格对于公务员创新行为的作用机制。结果发现，当在服务型领导和家长式领导与公务员创新行为的作用模型之间分别加入公共服务动机时，原有的直接效应显著降低了，这说明服务型领导、家长式领导对公务员创新行为的作用会受到公共服务动机的中介效应的影响。

具体而言，实证结果表明，服务型领导、仁慈领导、德行领导与公务员的公共服务动机水平正相关。也就是说，当领导者在服务型领导、仁慈领导和德行领导这几个方面的领导特征表现鲜明时，有助于提升下属的公共服务动机水平。服务型领导除了重视下属的发展与成长之外，还关注创造社区价值，这有利于激发下属的利他动机，更加重视公共价值的创造；仁慈领导强调宽容和支持，德行领导注重德行垂范，依据社会学习理论和社会认同理论，下属会对于上级产生更多的认同，并且努力效仿，从而表现出更多的同情心以及自我牺牲精神。而且，公共服务动机也与公务员创新行为正相关（$\beta = 0.439$，$p < 0.001$）。公共部门与私营企业的主要目标存在很大差异，关注公共价值的创造。公务员队伍为了创造公共价值、增进公众福祉，会积极地参与到公共政策制定等活动当中，而为了更好地实现预期目标，就会在具体实践中打破条条框框的限制，敢于破旧立新，从而表现出更多的创新行为。由此可见，服务型领导、仁慈领导和德行领导可以通过提高下属的公共服务动机来激发下属的创新精神，在工作过程中表现出更多的创造性活动。

实证研究还表明，威权领导会直接地负向影响公务员创新行为，当在模型中加入公共服务动机之后，威权领导对公务员创新行为的负向影响显著降低了，这也说明，公共服务动机在威权领导与公务员创新行为之间发挥着中介作用。其原因可能在于虽然威权领导过于注重目标导向，强调下属的绝对服从，但是公共服务动机是一种超越个体利益的内在动机，公共服务动机水平较高的公务员为了追求公共价值、维护公共利益，仍有可能尽量规避威权领导的消极影响，全身心地投入到服务公众的创新活动中，从而可以降低威权领导对公务员创新行为的消极影响。

三　心理授权在领导风格与公务员创新行为之间发挥一定的中介作用

心理授权是个体基于其工作角色认知的内在动机的心理体验，主要包括工作意义、自我效能感、自我决定和影响力。据调查显示，我国公务员心理授权的 4 个维度得分分别为 4.109、4.093、3.668 和 3.141，这说明我国公务员感知到的工作意义比较强，自我效能比较高，但是在自我决定和影响力方面则相对偏低。实证研究结果表明，一方面，心理授权与公务员创新行为正相关（β = 0.714，p < 0.01）；另一方面，心理授权又会显著受到服务型领导、仁慈领导和德行领导的积极影响，这说明心理授权在服务型领导、仁慈领导和德行领导与公务员创新行为之间发挥着中介作用。心理授权满足了人们的效率和效能需求、自我认同动机以及情感寄托动机，服务型领导重视下属的成长与成功，他们善于倾听、服务于人，为满足心理授权的三种基本心理需求创造了条件（田启涛，2018）；仁慈领导给予了下属足够的理解和包容，有利于强化员工的自我存在感，提升下属的自我效能感和自主性（李珲等，2014）；德行领导强调公正无私和以身作则，有利于激发下属的效仿和认同，从而更加明确工作的意义和价值。因此，服务型领导、仁慈领导和德行领导都有助于提升下属的心理授权。再从心理授权的维度来看，自我决定为公务员参与创新提供了基本的条件，当公务员的自我效能感较高时，这会提高公务员参与创新的信心，而工作意义和影响力更会让公务员体会到自身工作的价值，从而表现出更多的创新行为以及更高的绩效水平。由此可见，服务型领导、仁慈领导和德行领导都能够通过提高下属的心理授权感知度来激发下属表现出更多的创新行为。

虽然威权领导、心理授权对公务员创新行为具有显著的影响，但是在加入心理授权之后，威权领导与心理授权二者之间没有表示出显著的相关性，这说明心理授权在威权领导与公务员创新行为之间没有发挥中介作用。威权领导对于公务员创新行为的消极影响可能存在其他的作用机制，有待于在未来进一步探讨。

四　差错管理氛围在领导风格与公务员创新行为之间发挥一定的调节作用

差错管理氛围是组织管理差错的一系列信念、规则以及实践，它反映了组织如何认识差错以及如何对待差错。本书是从积极的角度来看待差错，强调从差错中学习，推动差错向对组织有利的方向转化。数据调查结果显示，在差错管理氛围调查量表的 17 个题项中，其中有 15 个题项的均值得分都超过 4 分，这充分反映了当前我国政府组织的差错管理氛围较好，无论是差错的预防或者是差错发生后的处理都考虑得比较完备，建立了一种良好的差错管理氛围。

通过文献梳理、理论分析和实证检验发现，差错管理氛围在领导风格与公务员创新行为之间发挥一定程度的调节作用。首先，差错管理氛围与公务员创新行为正相关（$\beta = 0.636$，$p < 0.01$），这也证实了陈文沛（2013）、尹奎等（2016）、杜鹏程等（2017）、李江涛和王亮（2018）等学者的研究结论。当组织的差错管理氛围较高时，组织对于员工的差错有更大的忍受和宽容，营造出的是一种鼓励冒险、积极试错的宽松氛围，这无疑降低了下属对于创新失败的担忧，从而可以鼓励下属积极参与创新。其次，通过 SPSS 宏程序 Process 3.2 的 Bootstrap 检验发现，差错管理氛围与服务型领导、仁慈领导和德行领导的交互效应都比较显著，这说明差错管理氛围对服务型领导、仁慈领导和德行领导与公务员创新行为之间的关系具有正向的调节作用。具体而言，当个体感知到差错管理氛围较高时，服务型领导、仁慈领导和德行领导对公务员创新行为的影响就会增强；反之，当个体感知到的差错管理氛围较低时，服务型领导、仁慈领导和德行领导对公务员创新行为的影响就会减弱。

但是，差错管理氛围对威权领导与公务员创新行为的调节效应为 0，95% 的置信区间包括 0，p 值大于 0.05，说明差错管理氛围在威权领导与公务员创新行为之间并没有发挥显著的调节作用。

五 发展型文化在领导风格与公务员创新行为之间发挥一定的调节作用

发展型文化导向的组织目标长远、着眼未来，面对高度复杂性和不确定性的发展环境，不是默守成规，而是积极思变。据问卷调查显示，我国公务员感知到的发展型文化得分均值为 3.80，这反映出我国政府组织相对比较保守，注重的是稳中求进。

通过文献梳理、理论分析和假设检验发现，发展型文化对于领导风格与公务员创新行为之间发挥一定程度的调节作用。首先，发展型文化与公务员创新行为正相关（$\beta = 0.663$，$p < 0.01$）。发展型文化是一种关注组织外部的文化，鼓励冒险，着重培养组织成员的企业家精神，强调精益求精和追求卓越，对于培育组织成员的创新思维、激发他们的创新精神具有有效的促进作用，因此发展型文化导向明显的组织能够有力地推动组织成员积极参与创新。其次，本书通过 Bootstrap 检验发现，发展型文化在服务型领导、仁慈领导、德行领导与公务员创新行为之间发挥显著的正向调节作用。具体而言，当公务员感知到的发展型文化较高时，服务型领导、仁慈领导和德行领导对于公务员创新行为的影响也越强；反之，当公务员感知到的发展型文化较低时，服务型领导、仁慈领导和德行领导对公务员创新行为的影响也就越弱。

但是，实证检验结果也表明，发展型文化与威权领导的调节效应为 0.001，95% 的置信区间为 [-0.023, 0.062]，置信区间包含 0 在内，p 值为 0.364，这说明发展型文化在威权领导与公务员创新行为之间并没有发挥显著的调节作用。也就是说，虽然威权领导不利于激发公务员的创新行为表现，但其作用发挥不会受到发展型文化的影响。

第二节　理论贡献

一　调查了解了我国公务员创新行为的基本表现

党的十八大以来，以习近平同志为核心的党中央提出了"创新、协调、绿色、开放、共享"的新发展理念，并将创新摆在国家发展全局的核心位置。本书率先将研究的视角转移到公务员创新行为上来，关注公职人员的创新问题，从实践来看，这是对新时代新发展理念的积极呼应，顺应了历史发展潮流；从理论上看，这也突破了现有研究关注企业等营利组织员工创新行为的狭窄视阈，拓展了员工创新行为的研究范围。

本书通过文献梳理建立了公务员创新行为的测量量表，具体包括创意产生、创意传播和创意实施3个维度。通过对北京、山东、河南和广东等地区的问卷调查，共计回收421份有效问卷。随后采用SPSS进行数据分析发现，我国公务员创新行为的总体均值为3.968，创意产生、创意传播和创意实施3个维度的得分均值分别为4.014、3.911和3.979，说明我国公务员创新行为总体表现尚可，在创意的产生、传播和实施等方面的表现较好。本书还分别探讨了性别、年龄、工作年限等人口统计学特征对公务员创新行为的具体影响，通过独立样本T检验和方差分析发现，年龄和工作年限的差异并不会显著影响公务员的创新行为，而性别、学历学位和行政级别的不同则对公务员创新行为产生了显著的影响。具体而言，男性在创新行为方面的表现略高于女性；而受教育水平却与创新行为呈负相关关系。在行政级别方面，科员的创新行为表现最高，副科级的公务员创新行为表现最低。

二　有效整合了领导风格与公务员创新行为的相关研究成果

创新、创造力以及创造行为等近年来已经成为管理领域中的热门研究话题，也涌现出了大量的研究成果，关于领导风格与员工创新行为之间相互关系的研究也是其中的一个重要分支。系统梳理员工创新行为的相关文献发现，现有研究主要探讨了授权型领导、谦卑型领导、伦理型领导、教练型领导、精神型领导、包容型领导、变革型领导以及幽默型领导等各种领导风格对员工创新行为的影响作用（方阳春、陈超颖，2017；盛宇华等，2017；石冠峰等，2017；朱瑜等，2018；吕霄等，2018；杨陈等，2018；Pundt，2015；Dhar，2016；Choi et al.，2016；Masood et al.，2017）。但是就公共部门的基本特征而言，其具有关注公共价值、提供公共服务等基本特征，强调的是服务导向而非利润导向，所以本书将服务型领导风格纳入了自变量的研究范畴；其次，领导风格的有效性在一定程度上会受到文化背景的影响，立足西方文化背景的领导理论并不一定契合我国的基本国情，所以本书又将具有显著中国文化特色的家长式领导纳入了研究范畴，从而在立足中国文化背景的前提下，有效整合了服务型领导、家长式领导与公务员创新行为的相互关系。

实证研究结果也表明，服务型领导与家长式领导（仁慈领导、德行领导和威权领导）都会显著地影响公务员创新行为。其中，服务型领导、仁慈领导和德行领导与公务员创新行为正相关，威权领导与公务员创新行为负相关。这在一定程度上弥补了公务员创新行为研究范围的局限，拓展了领导风格与员工创新行为的理论成果，并且为领导者调整自身的工作作风，从而有效激发下属的创新行为表现提供了理论上的支持。

三 深入探讨了领导风格对公务员创新行为的作用机制

领导风格对员工创新行为的作用机制一直都是学者们关注的一个重要议题。从现有文献来看，学者们主要从组织认同、工作满意度、主管信任、自我效能感、领导成员交换、互动公平等方面来探讨领导风格对于员工创新行为的作用机理。如管春英和汪群（2016）以情绪耗竭和组织伦理氛围为中介变量探讨了道德型领导对员工创新行为的影响，苏屹等（2018）以内部人身份感知为中介变量探讨关系授权型领导对员工创新行为的影响，等等。这些已有的研究成果对于帮助我们了解领导风格对于员工创新行为的作用机理具有一定的参考价值，但是本书关注的政府组织的员工创新行为，考虑到公私部门在价值取向、任务目标等方面存在的诸多差异，我们由此推断领导风格对其的作用机制也可能存在不同，因此有必要拓宽研究视野，关注公共部门客观实际，探求更具有解释力的作用机制。

公共服务动机是政治学与公共管理的重要研究领域，对于公务员的价值取向与行为表现具有重要影响（王浦劬、孙响，2018）。在探讨公职人员的态度和行为时，许多学者都将公共服务动机作为一个重要的中介变量。如刘帮成、周杭和洪风波（2017）基于公共服务动机考察了公共部门高承诺工作系统对员工建言行为的相互关系；谭新雨和汪艳霞（2017）从公共服务动机的视角检验了服务型领导对公务员建言行为的影响，其研究结论都证实了公共服务动机具有较好的解释力。另外，李永占（2018）认为，个体内在动机是影响创新的一个重要因素，员工创新行为作为一种角色外的行为，更依赖于员工内在动机的自我激励。因此，本书将公共服务动机与心理授权两个变量引入研究模型，探讨领导风格对公务员创新行为的作用机制。研究结果表明，公共服务动机、心理授权在服务型领导、仁慈领导、德行领导与公务员创新行为之间都发挥着显著的中介作用，而且心理授权在德行领导与公务员创新行为之间发挥着完全中介作用。这不仅深化了公务员创新行为的相关研究，而且还拓宽了公共服务动机与心理授权的研究范畴。

四　丰富完善了领导风格影响公务员创新行为的边界条件

以往的相关研究除了关注领导风格与员工创新行为之间的作用机制外，还有部分学者探讨了一些可能的调节效应，也就是影响领导风格与员工创新行为之间作用关系的调节因素，比如说认知冲突、个体传统性、团队凝聚力、团队距离、职业承诺，等等。本书结合我国政府组织的发展实际，选择将差错管理氛围和发展型文化纳入理论模型，探讨这两个变量在领导风格与公务员创新行为之间的调节效应。之所以确定这两个变量主要是出于以下考虑：一是创新是一项充满高不确定性和高风险性的工作角色外的行为活动，组织对于差错的态度对于员工创新具有十分重要的影响，因此从理论上来讲，差错管理氛围是一个重要的调节因素；二是党的十九大开启了全面从严治党的新篇章，这对于打造一支清正廉洁的干部队伍起到了立竿见影的效果，但是在一定程度上也使部分干部产生了畏难情绪，滋生了不作为、不担当的问题，而营造一种良好的差错管理氛围可以有效地缓解干部的畏难情绪，激励他们担当作为，所以了解我国政府组织的差错管理氛围现状也具有较高的实践价值；三是"发展才是硬道理"，组织必须着眼长远、关注未来，不断提高组织的灵活性和适应性，才能谋求基业长青，所以本书又将发展型文化纳入模型，观察其作用效果。

实证研究结果表明，差错管理氛围和发展型文化在服务型领导、仁慈领导和德行领导与公务员创新行为之间发挥了显著的正向调节效应，这基本印证了之前所提出的研究假设，从而丰富和完善了领导风格影响公务员创新行为的边界条件，为提出更具针对性和有效性的意见和建议提供了参考和依据。

第三节　实践启示

理论既来源于实践，也将作用于实践。只有将理论与实践相结合，在实践中去检验理论的有效性，才能充分发挥理论的价值。本书通过文献分析以及实证研究等方式，探讨了领导风格与公务员创新行为之间的相互关系及作用机制，不仅在理论上丰富了现有的研究成果，而且对于优化政府组织管理实践也具有一定的参考价值。

一　领导者应积极转变工作作风，提高领导的有效性

当前，面对日趋激烈的国际竞争，习近平总书记高度重视创新发展，强调要把创新摆在国家发展全局的核心位置。而干部队伍的领导风格表现如何，不仅直接关系领导效果的好坏，也会影响下属的创新行为表现。实证研究发现，服务型领导、仁慈领导、德行领导与公务员创新行为正相关，威权领导与公务员创新行为负相关。因此，领导者必须高度重视自身的工作作风，才能有效培养下属的创新思维，激发下属的创造活力。

首先，领导者应积极塑造以人为本的管理理念。政府组织的领导者不仅要切实践行全心全意为人民服务的根本宗旨，通过扎扎实实的实际行动满足广大公众的基本需求，更需要积极转变观念，不断提高自身的人本意识，将服务的对象由公众扩展到下属。领导者应关注下属的发展和成长，与下属建立良好的人际关系，让下属充分地感受到领导者不是高高在上的，不仅仅是工作的指挥者、导航者，更是有力的推动者和促进者，通过营造一种家庭般的文化，同心协力、和衷共济，和下属一起积极投身改革创新的伟大实践，更

好地完成政府组织的各项发展目标。

其次，领导者应不断提升概念化的思考能力，高瞻远瞩，共谋未来。吉姆·柯林斯和杰里·波拉斯在探讨企业基业长青的奥秘时发现，卓越的公司往往都具有"保存核心、刺激进步"这一特质。而其中的核心就包括对使命的不懈追求以及生动目标的指引。政府组织的领导者可以通过描绘组织发展的宏伟愿景，制定胆大包天的远大目标，让广大下属深刻地感受到：我们所描绘的发展蓝图是宏伟的，我们所从事的事业是伟大的，我们所追求的未来是美好的，以充分发挥愿景的激励指引功能。由此激发广大公务员的工作热情，提高他们为了实现组织发展目标的创新能力。

再次，领导者应给与基层公务员足够的关注。基层公务员是我国公务员队伍的重要组成部分，是党和国家各项路线方针政策的主要执行者和完成者。基层公务员的创新思维与创新能力不仅直接关系到政策执行的实际效果，也会对政府组织的工作效率和服务效能产生显著影响。因此，有必要关注基层公务员队伍创新意识和创新能力的培养。一方面，要在政治上激励、工作上支持、待遇上保障、心理上关怀，充分激发广大公务员干事创业的热情；另一方面，要建立健全行之有效的学习和培养机制，提升公务员的创新能力。

最后，领导者还应重视自身品行的塑造。领导者必须树立正确的发展取向，始终以提升人民福祉为己任，注重德行垂范，公私分明，公平公正，通过发挥良好品行的示范效应，激发下属学习效仿。此外，实证研究表明，以独断专权和紧密控制为显著特征的威权领导会减少下属的创新行为，因此，领导者要有效放权，通过资源共享、团结协作等方式，建立高绩效的工作团队，激发公务员的干事热情。

二 重视公共服务动机的考察和使用，塑造公共服务精神

公务员是治国理政的主体，是保证党和国家各项事业顺利推进的中坚力量，在实现全面建成小康社会的历史进程中肩负着重大使命。[①] 实证研究结果表明，我国公务员的公共服务动机水平普遍较高，而且，公共服务动机在服务型领导、仁慈领导、德行领导与公务员创新行为之间发挥着显著的中介作用，这为政府组织关注公务员的公共服务动机提供了实证依据。因此，必须重视公务员公共服务动机的考察和使用，将公共服务动机与公务员人力资源管理实践有效地结合起来，积极塑造公务员的公共服务精神。

第一，在公务员的选拔任用中重视对报考者公共服务动机的考察。当前，我国的公务员考试录用方法还是以行政职业能力测验和申论为主，没有测量报考者的公共服务动机，难以判断报考者报考公务员的真实动机（葛蕾蕾，2016；郑楠、周恩毅，2017）。政府组织可以在公务员的选拔任用中增加专业有效的测量工具，了解报考者的公共服务动机水平，并且将那些公共服务动机水平表现较高的报考者招录到公务员队伍中来。

第二，有效满足公务员公共服务的心理需求。对于公共服务动机水平较高的公务员而言，他们希望能够参与到政策制定的过程中，关注公共价值的创造，还具有同情心和自我牺牲精神。为了提升公务员的公共服务动机水平，满足他们公共服务的心理需求，政府组织可以将其更多地安排在制定公共政策、服务公众利益等相关活动中（谭新雨等，2017），通过不断地满足、激发公务员的公共服务动机，来提升他们参与创新、服务社会的工作热情。

[①] 信长星：《坚持从严从实　建设高素质公务员队伍》，http://dangjian.people.com.cn/n/2015/0916/c117092-27594198.html，2015 年 10 月 22 日。

第三，在公共政策的制定过程中提高公共政策的吸引力。政策制定的吸引是公共服务动机的一个重要维度，公共服务动机水平较高的公务员往往参与政策制定的动机也较为强烈。政府组织在今后政策制定的过程中，可以吸纳更多公务员的参与，充分倾听他们的意见和要求，从而增强公共政策对他们的吸引力，提高他们的公共服务动机水平（祝军，2013）。特别是在政策制定的过程中，提倡首创精神，鼓励广大公务员结合工作实际，提出创新有效的公共政策并积极推进落实。

三 提升公务员的心理授权感知，激发创造活力

心理授权是个体对其所从事工作的意义、能力、影响力和自主性等方面的心理感知，有助于促进员工在工作中表现出更多积极行为，并获得更多积极体验（郑晓明、刘鑫，2016；叶宝娟、郑清，2017；Khany & Tazik，2016；Wong & Laschinger，2013）。当个体的心理授权感知较高时，意味着他具有较强的胜任能力和较高的自主性，对于工作也具有较强的影响力，因此更有可能表现出创新行为。实证研究结果表明，心理授权在服务型领导、仁慈领导、德行领导与公务员创新行为之间发挥着显著的中介作用。因此，为了激发公务员的创新意识和创新行为，增强创新活力，必须关注和提升公务员的心理授权感知度。

首先，强化公务员队伍的角色认同。公务员是依法履行国家公职的工作人员，以全心全意为人民服务为使命，公务员的公共服务动机水平与普通企业人员相比相对较高。政府组织一方面可以通过加强宣传和培训，强化公务员的使命感、认同感和责任感；另一方面拓宽公务员为民服务的方式渠道，让广大公务员能够脚踏实地为民办事、真真切切为民解忧，从而深刻体会到工作本身的价值与意义。

其次，提升公务员队伍的胜任素质。能力是心理授权的一个重要维度，当公务员具有较高的工作能力，能够很好地胜任工作岗位的能力需求时，会产生较高的自我效能感。2015年10月，中共中央印发了《干部教育培训综合条例》，提出要培养造就信念坚定、为民服务、勤政务实、敢于担当、清正廉洁的好干部。因此，政府组织应该以《干部教育培训综合条例》文件精神为指导，建立健全公务员能力培养机制，重视对公务员的培训与开发工作，提升公务员的胜任能力。特别是要重视对公务员创新思维和创新能力的培养，提升公务员队伍解决问题的能力。

最后，赋予公务员队伍更多的工作自主性。公务员创新行为是一项工作任务之外的自发行为，在很大程度上依赖于公务员的内在动机。当公务员感觉到自身对于工作有较高的影响力和自主性时，更有可能参与创新。政府组织的领导者应合理授权，提高下属工作的自由度，打破条条框框的繁文缛节，激发公务员参与创新的积极性、主动性和创造性。

四　营造良好的差错管理氛围，完善容错机制

差错管理氛围反映了组织如何认识差错和处理差错，良好的差错管理氛围从积极的视角来看待差错，强调从差错中学习与成长。组织的差错管理氛围与组织创新正相关（赵斌等，2017；李江涛、王亮，2018）。研究发现，差错管理氛围在服务型领导、仁慈领导、德行领导与公务员创新行为之间起着显著的正向调节作用。由此可见，差错管理氛围是影响公务员创新的重要因素。政府组织有必要营造良好的差错管理氛围，从而促进广大干部敢想敢干，积极参与创新。

首先，树立正确的差错观念。关于差错，必须认识到，差错几乎是无法避免的，但也不是完全无益的，对于差错应该持有一种积极的态度。特别是对于创新而言，创新本身就是一项充满不确定性和冒险性的工作，对于创新的失败更应该有较高的包容度。一方面，应做好计划监控工作，尽量避免工作中可能出现的差错；另一方面，当差错发生时，管理者应认识到差错的积极作用，尽量避免过度惩罚，要努力营造宽松、探索、互助的组织氛围，鼓励下属从差错中获益（赵斌、徐璐，2018）。通过对差错的预防以及差错发生后的及时应对处理，努力使差错向对组织发展有利的方向转化。

其次，建立健全容错机制。2018年5月，中共中央办公厅印发了《关于进一步激励广大干部新时代新担当新作为的意见》，指出要建立健全容错纠错机制，宽容干部在改革创新中的失误错误；要大兴调查研究之风，尊重基层首创精神，鼓励基层结合实际探索创新，充分调动干事创业的积极性，切实为敢于担当的干部撑腰鼓劲。容错机制的逐步建立和完善，是广大干部队伍一张蓝图绘到底、撸起袖子加油干的护航伞，在一定程度上缓解了干部队伍的后顾之忧，能够更有效地激发广大干部心无旁骛、义无反顾、开拓创新、干事创业。

最后，建立差错学习机制。鉴于工作中的差错是难以避免的，因此有必要建立差错学习机制，从差错中吸取经验教训，避免重蹈覆辙。领导者可以通过差错管理激发下属的创新意识，促进下属学习相应的知识以及技能，帮助下属进行自我开发，提高下属的胜任能力进而提升下属的创新行为（王艳子，2018），同时还可以加强差错的沟通和学习，比如说通过举行讨论会等形式营造开放、互助的组织氛围，就工作中所出现的差错进行有针对性的、详细的分析和讨论，总结经验教训，规避潜在风险，提高创新能力。

五　树立发展型导向组织文化，积极创新争先

发展型文化立足组织发展，关注组织成长，强调组织的灵活性

和适应性。实证研究表明，发展型文化在服务型领导、仁慈领导、德行领导与公务员创新行为之间发挥着显著的正向调节作用。组织的发展型文化导向越明显，员工越有可能表现出创新行为。但是数据显示，当前我国政府组织的发展型文化导向偏低，对于外部环境缺乏足够的敏锐性，冒险精神和担当意识也有待提高。发展才是硬道理，发展是党执政兴国的第一要务，是解决我国一切问题的基础和关键。为了更好地调动公务员的积极性、主动性和创造性，必须树立发展型导向的组织文化，积极创新争先。

首先，坚持新发展理念为指导。发展必须是科学发展，必须坚定不移贯彻落实创新、协调、绿色、开放、共享的新发展理念，特别是要把创新放在党和国家发展全局的核心位置，以新理念激发新活力，以新理念号召新作为。对于政府组织而言，要树立发展型导向的组织文化，大力推动机构改革，逐步完善制度体系建设，不断提升政府治理能力。

其次，培养创新人才为支撑。习近平总书记提到，发展是第一要务，人才是第一资源，创新是第一动力。① 公务员是治国理政的重要主体，必须尽快打造一批规模宏大、富有创新精神、敢于承担风险的创新型人才队伍。要努力拓宽公务员招募来源渠道，敞开大门，择天下英才而用之，不断集聚创新人才；要完善公务员培训开发制度，提升公务员的创新能力；要着力破除体制机制障碍，充分授权，积极放权，激发公务员的创造活力。

最后，推行组织文化变革为助力。组织文化的形成与组织的建立、发展与成长是密切相关的，也不是轻易能够改变的。树立发展型导向组织文化，还需要从组织变革的角度来进行考虑。Kilmann

①　习近平：《发展是第一要务，人才是第一资源，创新是第一动力》，www.gou.cn/xinwen/2018-03/07/content_5272045，htm？from=groupmessage，2018年3月27日。

（1989）指出，应该从一个系统的视角来看组织文化变革，要洞察组织各要素之间的相互联系，从组织的战略、结构、薪酬制度、工作流程等方面来考虑如何支持组织的文化变革。对于政府组织而言，要通过发展规划与战略的制定，明确组织未来的发展方向，指明公务员的任务目标；要大力推动政府机构改革，调整优化政府部门职能体系设置，提高政府组织工作效率；要完善公务员管理制度，将创新行为与绩效考核结合起来，将绩效考核与薪酬发放结合起来，充分发挥人力资源管理制度的激励约束效果；要推动政府部门业务流程再造，充分利用大数据、云计算等互联网科技，积极提升政府服务和治理水平。

第四节 研究不足与展望

本书以公务员为研究对象，探讨中国情境下领导风格对公务员创新行为的作用机制，通过文献综述、假设提出和实证检验，明确了服务型领导、家长式领导对公务员创新行为的影响效果，检验了公共服务动机和心理授权的中介作用以及差错管理氛围、发展型文化的调节作用，并提出了针对性的对策建议，丰富了领导风格与员工创新行为的相关研究成果，具有一定的理论价值和实践价值，但是仍然存在一定的局限性。

一是样本的代表性有限。本书选择公务员为调查对象，通过纸质问卷和电子问卷发放的方式，共计收集到了421份有效问卷，虽然调查样本覆盖北京、山东、广东、河南等多个省份城市，但我国公务员队伍基数较大，而且受调查对象中正科级及以下级别公务员占比达到95%，以基层公务员为主，调查样本的代表性有限，不一定能够准确反映整个公务员队伍的实际情况；二是数据可能存在同源偏差。本书采用自我报告式的方法来收集数据，领导风格、公务员创新行为、公共服务动机等研究变量都是由公务员根据自身的实际感受做出判断，虽然公务员本人对于自身的创新行为表现有比较清楚的认识，但由于受到社会期许效应的影响，调查结果可能存在主观偏差，而且，横截面数据也具有一定的局限性；三是模型构建有待完善。本书基于文献综述和理论回顾构建了领导风格与公务员创新行为的作用模型，在变量的选取上可能与实践存在一定差异，也有可能存在其他有效的作用机制。综上，本书还存在一定局限，未来研究可以从以下方面继续深入探讨。

一 探索中国情境下的本土化测量量表

量表的设计和开发一直都是管理学理论研究的重点和难点。本书探讨了领导风格对公务员创新行为的作用机制，为了提高测量工具的内容效度，所以采用翻译和回译的方式直接借鉴和引用了国内外学者所开发的比较成熟的测量量表。其中，家长式领导是立足华人文化背景下所提出的领导风格类型，与我国实际有较大的契合性，但服务型领导虽然从名称上与我国构建服务型政府等理念比较一致，在内涵上却存在着较大差异。韩勇和陶建平（2011）在梳理西方关于服务型领导相关研究的基础上，采用扎根研究法，发现我国服务型领导主要包括关爱群众、领导能力强、以人为本、道德垂范、人际和谐、谦逊做人、倾听心声、遵纪守法和敬业负责9个维度，可以说是中国情境下服务型领导测量工具的有效探索，但仍然有待实证研究的进一步检验。

二 探讨不同领导风格对公务员创新行为的作用效果差异

关于领导风格对于员工创新行为的作用探索已经吸引了诸多学者的关注，并且得出了许多有价值的结论。但是通过对文献进行梳理发现，现有研究大多关注的是某一种领导风格对员工创新行为的影响机制，缺少整合性的系统研究。于海波等（2014）以《家长式领导创造绩效，服务型领导带来满意》为题，对家长式领导和服务型领导进行了整合研究，实证结果表明，在中国情境下，当家长式领导与服务型领导两种领导行为相融合时，能够同时带来高绩效和高满意度，实现最佳的领导效能。这也为我们探讨领导风格对公务员创新行为的影响带来了新的研究视角，比如说可以研究服务型领导与家长式领导对公务员创新行为的作用差异，探索这两种领导风格当中哪一种领导风格对于公务员创新行为的促进效果更好等。

三 深化领导风格对公务员创新行为的作用机制研究

为了研究领导风格如何作用于公务员创新行为，本书引入公共服务动机和心理授权作为中介变量，同时引入差错管理氛围和发展型文化作为调节变量，得出了许多有价值的结论，丰富了领导风格与员工创新行为相互关系的研究成果。但是这些变量的选取主要来自于文献分析和理论推演，政府组织的实际创新实践过程可能与此存在差异，所以未来研究可以从更加广阔的视角来看待领导风格对于公务员创新行为的作用"黑箱"，寻找是否存在其他更具解释力的研究变量。而且，家长式领导包括仁慈领导、德行领导和威权领导3个维度，这三个维度对于公务员创新行为的影响是否存在交互效应，这也是一个值得探讨的问题。常涛等（2016）基于三元理论从团队层次考察了家长式领导及其不同领导组合对团队创造力的作用，研究发现，仁慈领导与德行领导、仁慈领导与威权领导分别对团队创造力有显著的正交互效应；德行领导与威权领导有显著的负交互效应。因此，对于家长式领导对于公务员创新行为的影响，未来研究可以进一步探讨家长式领导3个维度之间的交互效应的影响。此外，本书发现，公共服务动机、心理授权在服务型领导、仁慈领导、德行领导与公务员创新行为之间发挥着中介作用，差错管理氛围、发展型文化在服务型领导、仁慈领导、德行领导与公务员创新行为之间发挥着调节作用，但是威权领导与公务员创新行为之间的中介与调节效应机制却只得到数据的部分支持，因此，未来研究可以专注威权领导与公务员创新行为作用机制的探讨。

四　优化领导风格与公务员创新行为研究的研究设计

首先，本书采用的是横截面研究，采集的是同一个时间点上的数据，在公务员创新实践中，领导风格对于公务员创新行为的影响可能是一个动态的、富于变化的过程，因此未来研究可以尝试采用纵向的跟踪研究的方式，从而探索领导风格对公务员创新行为的动态作用关系。其次，本书中相关变量的测量均来自于公务员个人，具有一定的同源偏差，未来研究可以尝试采用领导—下属配对的方法获取数据，比如说可以由公务员评价自身感知到的上级的领导风格、动机因素等，然后由公务员的直接上级来评价他们的创新行为表现，从而进一步提高调查结果的客观性。此外，本书关注的是个体层面的公务员创新行为及其影响机制，但在现实情境中，公务员创新行为可能会受到组织文化等团队层次因素的影响。因此，未来可以关注领导风格与公务员创新行为的跨层次研究，从团队层面来探讨领导风格对公务员创新行为的作用机制。

参考文献

中文文献

[1] 包元杰、李超平：《公共服务动机的测量：理论结构与量表修订》，《中国人力资源开发》2016 年第 7 期。

[2] 曾楚宏、李青、朱仁宏：《家长式领导研究述评》，《外国经济与管理》2009 年第 5 期。

[3] 曾军荣：《公共服务动机：概念、特征与测量》，《中国行政管理》2008 年第 2 期。

[4] 常涛、刘智强、景保峰：《家长式领导与团队创造力：基于三元理论的新发现》，《研究与发展管理》2016 年第 1 期。

[5] 陈晨、时勘、陆佳芳：《变革型领导与创新行为：一个被调节的中介作用模型》，《管理科学》2015 年第 4 期。

[6] 陈浩：《心理授权与组织认同的关系研究》，《经济纵横》2010 年第 7 期。

[7] 陈洁、陈张、方阳春：《包容型氛围对科技人才创新行为的影响》，《科研管理》2017 年第 1 期。

[8] 陈璐、高昂、杨百寅、井润田：《家长式领导对高层管理团队成员创造力的作用机制研究》，《管理学报》2013 年第 6 期。

[9] 陈佩、杨付、石伟：《公仆型领导：概念、测量、影响因素与实施效果》，《心理科学进展》2016 年第 1 期。

［10］陈倩倩、樊耘、李春晓:《组织支持感对员工创新行为的影响研究——目标导向与权力动机的作用》,《华东经济管理》2018 年第 2 期。

［11］陈卫旗:《组织创新文化、组织文化强度与个体员工创新行为:多层线性模型的分析》,《心理科学》2013 年第 5 期。

［12］陈文沛:《差错管理气氛对员工创新行为的影响跨层次模型分析》,《现代财经》(天津财经大学学报)2013 年第 10 期。

［13］陈文沛:《创业型领导、心理授权与员工创新行为》,《技术经济与管理研究》2015 年第 10 期。

［14］陈文沛:《创业型领导影响员工创新行为多重中介效应的比较》,《技术经济》2015 年第 10 期。

［15］陈晓萍、徐淑英、樊景立:《组织与管理研究的实证方法》,北京大学出版社 2012 年版。

［16］邓传军、刘智强、邱洪华:《领导成员交换调节作用下中端正式地位和员工工作绩效关系研究》,《管理学报》2017 年第 10 期。

［17］邓传军、刘智强、王凤娟:《非正式地位、错误管理文化与员工创新行为选择》,《管理评论》2017 年第 4 期。

［18］丁贺、林新奇、徐洋洋:《基于优势的心理氛围对创新行为的影响机制研究》,《南开管理评论》2018 年第 1 期。

［19］丁琳、耿紫珍、白少君:《工作压力对员工创造力的权变作用——心理授权的调节效应》,《科技进步与对策》2017 年第 17 期。

［20］丁琳、席酉民:《变革型领导对员工创造力的作用机理研究》,《管理科学》2008 年第 6 期。

［21］董霞、高燕、马建峰:《服务型领导对员工主动性顾客服务绩效的影响——基于社会交换与社会学习理论双重视角》,《旅

游学刊》2018 年第 6 期。

[22] 杜鹏程、杜雪、王俊贝:《基于差错沟通视角的雇员敌意与员工创新行为:一个有中介的调节效应模型》,《企业经济》2017 年第 9 期。

[23] 杜鹏程、杜雪、姚瑶、王成城:《雇员敌意与员工创新行为:情绪劳动策略与冲突管理方式的作用》,《科技进步与对策》2017 年第 12 期。

[24] 杜鹏程、黄志强:《差错管理文化对双元绩效的影响机理研究——基于组织认同的中介效应》,《安徽大学学报》(哲学社会科学版)2016 年第 6 期。

[25] 杜鹏程、贾玉立、倪清:《差错能成为创新之源吗——基于差错管理文化对员工创造力影响的跨层次分析》,《科技管理研究》2015 年第 9 期。

[26] 杜鹏程、李敏、倪清、吴婷:《差错反感文化对员工创新行为的影响机制研究》,《管理学报》2015 年第 4 期。

[27] 杜鹏程、倪清、贾玉立:《压力促进还是抑制了创新——基于组织支持感的双元压力与创新行为关系研究》,《科技进步与对策》2014 年第 16 期。

[28] 段锦云:《家长式领导对员工建言行为的影响:心理安全感的中介机制》,《管理评论》2012 年第 10 期。

[29] 樊景立、郑伯埙:《华人组织的家长式领导:一项文化观点的分析》,《本土心理学研究》2000 年第 13 期。

[30] 方阳春、陈超颖:《包容型领导风格对新时代员工创新行为的影响》,《科研管理》2017 年第 1 期。

[31] 方阳春、陈超颖:《包容型人才开发模式对员工工匠精神的影响》,《科研管理》2018 年第 3 期。

[32] 方阳春、贾丹、陈超颖:《包容型人才开发模式对创新激情和

行为的影响研究》，《科研管理》2017年第9期。

[33] 方振邦、韩宁：《管理百年》，中国人民大学出版社2016年版。

[34] 方振邦、唐健：《公共服务动机理论及其应用研究述评》，《公共管理与政策评论》2014年第3期。

[35] 封子奇、王雪、金盛华、杨金花、彭芸爽：《领导力的社会认同理论：主要内容及研究进展》，《心理学探新》2014年第2期。

[36] 冯彩玲、张丽华：《变革/交易型领导对员工创新行为的跨层次影响》，《科学学与科学技术管理》2014年第8期。

[37] 冯彩玲：《差异化变革型领导对员工创新行为的跨层次影响》，《管理评论》2017年第5期。

[38] 高中华、赵晨：《服务型领导如何唤醒下属的组织公民行为？——社会认同理论的分析》，《经济管理》2014年第6期。

[39] 葛蕾蕾：《变革型领导对公务员工作态度的影响——公共服务动机的中介效应研究》，《烟台大学学报》（哲学社会科学版）2016年第3期。

[40] 葛蕾蕾：《公共服务动机对公务员绩效的影响——个人—组织匹配的调节作用》，《山东社会科学》2016年第3期。

[41] 巩振兴、张剑：《组织的结构授权与心理授权》，《理论与改革》2015年第2期。

[42] 顾远东、彭纪生：《创新自我效能感对员工创新行为的影响机制研究》，《科研管理》2011年第9期。

[43] 顾远东、彭纪生：《组织创新氛围对员工创新行为的影响：创新自我效能感的中介作用》，《南开管理评论》2010年第1期。

［44］顾远东、周文莉、彭纪生：《组织创新支持感对员工创新行为的影响机制研究》，《管理学报》2014 年第 4 期。

［45］管春英、汪群：《包容性领导对组织创新的影响研究——基于苏南国家自主创新示范区的实证调查》，《江苏社会科学》2016 年第 3 期。

［46］管春英、汪群：《道德型领导对员工创新行为的影响及其作用机制》，《南京社会科学》2016 年第 5 期。

［47］管春英：《包容性领导对员工创新行为的多链条作用机制研究》，《科学学与科学技术管理》2016 年第 6 期。

［48］郭钟泽、谢宝国、程延园：《如何提升知识型员工的工作投入？——基于资源保存理论与社会交换理论的双重视角》，《经济管理》2016 年第 2 期。

［49］韩翼、杨百寅：《真实型领导、心理资本与员工创新行为：领导成员交换的调节作用》，《管理世界》2011 年第 12 期。

［50］韩勇：《我国公共部门服务型领导形成机制及优化对策探析——服务型政府建设的微观组织行为学视角》，《理论探讨》2013 年第 4 期。

［51］韩勇、陶建平：《我国公共部门服务型领导研究——以广西为例》，《领导科学》2011 年第 5 期。

［52］贺善侃、郑楠：《论服务型领导方式的基本特征和运用原则》，《领导科学》2013 年第 22 期。

［53］黄京华、金悦、张晶：《企业微博如何提升消费者忠诚度——基于社会认同理论的实证研究》，《南开管理评论》2016 年第 4 期。

［54］黄俊、贾煜、桂梅、诸彦含、刘桃：《公仆型领导对员工主动创新行为的影响——基于领导部属交换与员工工作投入的中介作用》，《科技进步与对策》2015 年第 21 期。

［55］ 黄秋风、唐宁玉、陈致津、葛明磊:《变革型领导对员工创新
行为影响的研究——基于自我决定理论和社会认知理论的元
分析检验》,《研究与发展管理》2017 年第 4 期。

［56］ 黄秋风、唐宁玉:《变革型领导与交易型领导对员工创新行为
影响的元分析研究》,《软科学》2016 年第 3 期。

［57］ 蒋丽芹、方洁:《伦理型领导对员工内创业意愿的影响机制研
究》,《科技进步与对策》2018 年第 9 期。

［58］ 雷巧玲、赵更申、段兴民:《不同文化导向下心理授权对组织
承诺影响的实证研究:基于知识型员工的观点》,《南开管理
评论》2006 年第 6 期。

［59］ 李超平:ModFigure:调节效应画图 Excel 宏文件,提取网址:
http://www.obhrm.net/index.php/ModFigure.2016。

［60］ 李超平、孟慧、时勘:《变革型领导、家长式领导、PM 理论
与领导有效性关系的比较研究》, 《心理科学》2017 年第
6 期。

［61］ 李超平、田宝、时勘:《变革型领导与员工工作态度:心理授
权的中介作用》,《心理学报》2006 年第 2 期。

［62］ 李锋、王浦劬:《基层公务员公共服务动机的结构与前因分
析》,《华中师范大学学报》（人文社会科学版）2016 年第
1 期。

［63］ 李泓波、贺莉:《地方政府公务员改革意愿影响因素:基于计
划行为理论的探索性研究》,《上海交通大学学报》（哲学社
会科学版）2016 年第 3 期。

［64］ 李怀祖:《管理研究方法论》,西安交通大学出版社 2017
年版。

［65］ 李晖、丁刚、李新建:《基于家长式领导三元理论的领导方式
对员工创新行为的影响》,《管理学报》2014 年第 7 期。

[66] 李江涛、王亮:《包容型领导对商业模式创新的影响——差错管理氛围与即兴行为的中介作用》,《中国科技论坛》2018 年第 2 期。

[67] 李金阳:《社会交换理论视角下虚拟社区知识共享行为研究》,《情报科学》2013 年第 4 期。

[68] 李敏、杜鹏程:《差错认知、激励偏好对员工创新行为的影响研究》,《科学学与科学技术管理》2014 年第 9 期。

[69] 李鹏、刘丽贤、李悦:《绩效导向薪酬制度对员工创造性影响评述——基于自我决定理论视角》,《科技管理研究》2015 年第 2 期。

[70] 李筱颖、顾建平、全胜男:《领导灵性资本与外在奖酬对员工创新行为的影响——创新角色认同的有中介的调节作用》,《企业经济》2018 年第 3 期。

[71] 李忆、马莉、袁志会、苑贤德:《差错管理气氛对双元创新的影响——知识转化的中介作用》,《现代管理科学》2013 年第 8 期。

[72] 李永占:《变革型领导对员工创新行为的影响:心理授权与情感承诺的作用》,《科研管理》2018 年第 7 期。

[73] 梁丽芝、彭海军:《行政价值观对公务员创新的影响研究》,《湖北社会科学》2007 年第 12 期。

[74] 梁巧转、张真真、李洁:《真实型领导对员工创新行为的影响机制》,《西安交通大学学报》(社会科学版)2016 年第 2 期。

[75] 林琼、熊节春:《公共服务动机对公务员工作倦怠的影响》,《江西社会科学》2018 年第 5 期。

[76] 林叶、李燕萍:《高承诺人力资源管理对员工前瞻性行为的影响机制——基于计划行为理论的研究》,《南开管理评论》

2016 年第 2 期。

[77] 林姿莛、郑伯埙：《性别与领道角色孰先孰后？主管—部属性别配对、共事时间及家长式领道》，《中华心理学刊》2007 年第 4 期。

[78] 刘冰、孙艳、齐蕾：《包容型领导对关系冲突的影响——基于心理授权与分配公平的视角》，《财经问题研究》2017 年第 4 期。

[79] 刘芳、周巧笑、王浩：《高绩效工作系统与农业新创企业绩效——基于资源基础观的视角?》，《广东社会科学》2016 年第 3 期。

[80] 刘景江、邹慧敏：《变革型领导和心理授权对员工创造力的影响》，《科研管理》2013 年第 3 期。

[81] 刘军：《管理研究方法：原理与应用》，中国人民大学出版社 2008 年版。

[82] 刘丽虹、张积家：《动机的自我决定理论及其应用》，《华南师范大学学报》（社会科学版）2010 年第 4 期。

[83] 刘平青、史俊熙：《自我管理绩效出自哪儿？——一个中介调节模型的验证》，《北京理工大学学报》（社会科学版）2017 年第 6 期。

[84] 刘顺忠：《客户需求变化对员工创新行为影响机制研究》，《科学学研究》2011 年第 8 期。

[85] 刘薇：《企业发展型文化对个体学习的影响——员工情绪与情绪调节的作用》，《科学学与科学技术管理》2015 年第 6 期。

[86] 刘小平：《员工组织承诺的形成过程：内部机制和外部影响——基于社会交换理论的实证研究》，《管理世界》2011 年第 11 期。

[87] 刘耀中：《心理授权的结构维度及其与员工创新行为的关系研

究》,《西北师大学报》(社会科学版)2008 年第 6 期。

[88] 刘云、石金涛:《授权理论的研究逻辑——心理授权的概念发展》,《上海交通大学学报》(哲学社会科学版)2010 年第 1 期。

[89] 刘云、石金涛:《组织创新气氛对员工创新行为的影响过程研究——基于心理授权的中介效应分析》,《中国软科学》2010 年第 3 期。

[90] 刘云、石金涛:《组织创新气氛与激励偏好对员工创新行为的交互效应研究》,《管理世界》2009 年第 10 期。

[91] 刘云:《自我领导与员工创新行为的关系研究——心理授权的中介效应》,《科学学研究》2011 年第 10 期。

[92] 卢小君、张国梁:《工作动机对个人创新行为的影响研究》,《软科学》2007 年第 6 期。

[93] 罗瑾琏、胡文安、钟竞:《双元领导对新员工社会化适应与创新的双路径影响研究》,《科学学与科学技术管理》2016 年第 12 期。

[94] 罗瑾琏、赵莉、钟竞:《双元领导对员工创新行为的影响机制研究》,《预测》2016 年第 4 期。

[95] 罗胜强、姜嬿:《管理学问卷调查研究方法》,重庆大学出版社 2014 年版。

[96] 吕霄、樊耘、张婕、马贵梅:《授权型领导视角下个性化交易形成及对员工创新行为的影响》,《科学学与科学技术管理》2018 年第 4 期。

[97] 门一、樊耘、马贵梅、于维娜:《基于自我决定理论对新一代人力资本即兴行为形成机制的研究》,《管理评论》2015 年第 11 期。

[98] 逄键涛、史卉:《员工主动性人格与创新行为:工作满意度、

工作水平及组织任期的调节作用》，《科技进步与对策》2016
年第 15 期。

[99] 逄键涛、温珂：《主动性人格对员工创新行为的影响与机制》，
《科研管理》2017 年第 1 期。

[100] 曲如杰、王林、尚洁、时勘：《辱虐型领导与员工创新：员
工自我概念的作用》，《管理评论》2015 年第 8 期。

[101] 沈伊默、周婉茹、魏丽华、张庆林：《仁慈领导与员工创新
行为：内部人身份感知的中介作用和领导—部属交换关系差
异化的调节作用》，《心理学报》2017 年第 8 期。

[102] 盛宇华、蒋舒阳、杜鹏程：《精神型领导与员工创新行
为——基于团队间跨层次的被调节中介模型》，《软科学》
2017 年第 3 期。

[103] 石冠峰、毛舒婷、王坤：《幽默型领导对员工创造力的作用
机制研究：基于社会交换理论的视角》，《中国人力资源开
发》2017 年第 11 期。

[104] 宋典、袁勇志、张伟炜：《创业导向对员工创新行为影响的
跨层次实证研究——以创新氛围和心理授权为中介变量》，
《科学学研究》2011 年第 8 期。

[105] 苏伟琳、林新奇：《上级发展性反馈对员工创新行为影响研
究——核心自我评价与工作投入的作用》，《科技进步与对
策》2018 年第 4 期。

[106] 苏屹、崔明明、孙莹：《共享变革型领导对员工创新行为的
影响：基于权力距离的调节作用》，《科技管理研究》2017
年第 2 期。

[107] 苏屹、周文璐、崔明明、赵健宇：《共享授权型领导对员工
创新行为的影响：内部人身份感知的中介作用》，《管理工
程学报》2018 年第 2 期。

[108] 苏中兴、张雨婷、曾湘泉：《组织创新战略如何转化为员工创新行为？——以中关村 IT 行业为例》，《中国人民大学学报》2015 年第 5 期。

[109] 孙春玲、姬玉、许芝卫：《心理授权对工程项目团队不道德亲组织行为的影响研究——基于组织惯例的调节作用》，《中国软科学》2018 年第 4 期。

[110] 孙春玲、任菲、赵占博：《组织特征对心理授权的多层次影响研究》，《华东经济管理》2015 年第 2 期。

[111] 孙健敏、陈乐妮、尹奎：《挑战性压力源与员工创新行为：领导—成员交换与辱虐管理的作用》，《心理学报》2018 年第 4 期。

[112] 孙健敏、王碧英：《公仆型领导：概念的界定与量表的修订》，《商业经济与管理》2010 年第 5 期。

[113] 孙圣兰、吕洁：《授权型领导对员工创造力的影响：基于整合视角的分析》，《研究与发展管理》2016 年第 4 期。

[114] 谭新雨、刘帮成：《服务型领导、心理所有权与员工建言行为的研究——权力距离导向的调节作用》，《上海交通大学学报》（哲学社会科学版）2017 年第 5 期。

[115] 谭新雨、汪艳霞：《公共服务动机视角下服务型领导对公务员建言行为的影响》，《软科学》2017 年第 8 期。

[116] 唐健：《政府绩效信息使用：一个文献综述》，《公共行政评论》2018 年第 1 期。

[117] 唐健：《中国组织情境下的公仆型领导：文献述评与前景展望》，《现代管理科学》2016 年第 9 期。

[118] 田启涛、万君宝：《政府部门服务型领导对下属为民服务行为的影响机制》，《软科学》2017 年第 11 期。

[119] 田启涛：《服务型领导唤起员工工作重塑热情机制研究》，

《软科学》2018 年第 6 期。

［120］田在兰、黄培伦:《基于自我认知理论的家长式领导对建言的影响》,《科研管理》2014 年第 10 期。

［121］屠兴勇、郭娟梅:《批判性反思对员工创新行为的影响:知识分享的中介作用和自我效能感的调节效应》,《预测》2016 年第 2 期。

［122］屠兴勇、何欣、郭娟梅:《批判性思维对员工创新行为的影响——一个有调节的中介效应模型》,《科学学与科学技术管理》2015 年第 10 期。

［123］屠兴勇、王泽英、何欣、张琪:《批判性反思、创新性过程投入与创新行为——来自科技型企业员工的实证研究》,《科学学与科学技术管理》2017 年第 3 期。

［124］屠兴勇、王泽英、张琪:《批判性反思效应下领导教练行为对员工创新的影响机制研究》,《南开管理评论》2016 年第 6 期。

［125］屠兴勇:《批判性思维、创新氛围对员工创新行为的影响机制研究》,《社会科学》2015 年第 8 期。

［126］汪纯孝、凌茜、张秀娟:《我国企业公仆型领导量表的设计与检验》,《南开管理评论》2009 年第 3 期。

［127］王国猛、郑全全、赵曙明:《团队心理授权的维度结构与测量研究》,《南开管理评论》2012 年第 2 期。

［128］王弘钰、邹纯龙、崔智淞:《差序式领导对员工越轨创新行为的影响:一个有调节的中介模型》,《科技进步与对策》2018 年第 9 期。

［129］王辉、常阳:《组织创新氛围、工作动机对员工创新行为的影响》,《管理科学》2017 年第 3 期。

［130］王浦劬、孙响:《公务员公共服务动机与社会联系偏好的关

联性研究——基于我国四地级市的实证调查》，《中共中央党校学报》2018 年第 5 期。

[131] 王浦劬、杨晓曦：《当前党政干部公共服务动机状况调查——基于中部某市党政干部的实证研究》，《人民论坛·学术前沿》2017 年第 7 期。

[132] 王三银、刘洪、刘健：《创新氛围对员工创新行为的影响机制研究》，《现代管理科学》2015 年第 7 期。

[133] 王甜、苏涛、陈春花：《家长式领导的有效性：来自 Meta 分析的证据》，《中国人力资源开发》2017 年第 3 期。

[134] 王亚华、舒全峰：《中国乡村干部的公共服务动机：定量测度与影响因素》，《管理世界》2018 年第 2 期。

[135] 王艳子、罗瑾琏：《员工创新行为的激发机理研究：谦卑型领导的视角》，《中央财经大学学报》2017 年第 6 期。

[136] 王艳子：《教练型领导对员工创新行为的影响：差错管理氛围的跨层次效应》，《科学学与科学技术管理》2018 年第 8 期。

[137] 王永跃、段锦云：《人力资源实践对员工创新行为的影响：心理契约破裂的中介作用及上下级沟通的调节作用》，《心理科学》2014 年第 1 期。

[138] 王永跃、王慧娟、王晓辰：《内部人身份感知对员工创新行为的影响——创新自我效能感和遵从权威的作用》，《心理科学》2015 年第 4 期。

[139] 王桢、李旭培、罗正学、林琳：《情绪劳动工作人员心理授权与离职意向的关系：工作倦怠的中介作用》，《心理科学》2012 年第 1 期。

[140] 王振华：《家长式领导对员工创新行为的影响研究》，《山东社会科学》2014 年第 4 期。

[141] 王重鸣、郭维维、Frese Michael、Andreas Rauch：《创业者差错取向的绩效作用及其跨文化比较》，《心理学报》2008 年第 11 期。

[142] 王重鸣、洪自强：《差错管理气氛和组织效能关系研究》，《浙江大学学报》（人文社会科学版）2000 年第 5 期。

[143] 吴明隆：《结构方程模型：AMOS 的操作与应用》，重庆大学出版社 2010 年版。

[144] 吴明证、邵晓露、孙晓玲、李宁：《服务型领导、道德认同与 UPB 的关系》，《应用心理学》2017 年第 2 期。

[145] 吴治国、石金涛：《员工创新行为触发系统分析及管理启示》，《中国软科学》2007 年第 3 期。

[146] 务凯、李永鑫、刘霞：《家长式领导与员工建言行为：领导—成员交换的中介作用》，《心理与行为研究》2016 年第 3 期。

[147] 务凯、赵国祥：《中国大陆地区家长式领导的结构与测量》，《心理研究》2009 年第 2 期。

[148] 夏绪梅、纪晓阳：《辱虐管理对员工创新行为的影响——心理授权的中介作用》，《西安财经学院学报》2017 年第 2 期。

[149] 熊胜绪、任东峰：《新时期员工创新行为的影响因素及管理对策》，《甘肃社会科学》2013 年第 2 期。

[150] 薛贤、宋合义、谭乐：《授权型领导如何促进员工建言行为——一个被中介的调节效应模型》，《华东经济管理》2015 年第 11 期。

[151] 颜爱民、赵浩、赵德岭、林兰：《授权型领导对员工亲社会性违规行为的影响——一个被调节的中介效应模型》，《中南大学学报》（社会科学版）2017 年第 5 期。

[152] 杨陈、杨付、景熠、唐明凤：《谦卑型领导如何改善员工绩

效：心理需求满足的中介作用和工作单位结构的调节作用》，《南开管理评论》2008 年第 2 期。

[153] 杨国亮、卫海英：《家长式领导对组织创新绩效的影响》，《经济与管理研究》2012 年第 7 期。

[154] 杨晶照、陈勇星、马洪旗：《组织结构对员工创新行为的影响：基于角色认同理论的视角》，《科技进步与对策》2012 年第 9 期。

[155] 杨晶照、杨东涛、赵顺娣、姜林娣、秦伟平：《"我是"、"我能"、"我愿"——员工创新心理因素与员工创新的关系研究》，《科学学与科学技术管理》2011 年第 4 期。

[156] 杨雪冬：《简论中国地方政府创新研究的十个问题》，《公共管理学报》2008 年第 1 期。

[157] 杨英、李伟：《人—组织匹配对员工创新行为的影响——心理授权的中介作用》，《中国流通经济》2012 年第 6 期。

[158] 姚明晖、李元旭：《包容性领导对员工创新行为作用机制研究》，《科技进步与对策》2014 年第 10 期。

[159] 姚艳虹、韩树强：《组织公平与人格特质对员工创新行为的交互影响研究》，《管理学报》2013 年第 5 期。

[160] 姚艳虹、李扬帆、夏敦：《领导者不当督导对员工创新行为的影响研究》，《管理学报》2014 年第 8 期。

[161] 姚艳虹、周惠平、李扬帆、夏敦：《伦理型领导对员工创新行为的影响》，《统计与信息论坛》2015 年第 2 期。

[162] 叶宝娟、郑清：《心理授权对农村小学校长工作满意度的影响：职业认同的中介作用与情绪智力的调节作用》，《心理科学》2017 年第 3 期。

[163] 叶先宝、李纾：《公共服务动机：内涵、检验途径与展望》，《公共管理学报》2008 年第 1 期。

［164］ 易华：《创业导向有助于激发员工创新行为吗——创新意愿的中介作用》，《财经理论与实践》2018 年第 1 期。

［165］ 尹奎、孙健敏、陈乐妮：《差错管理氛围研究述评与展望》，《外国经济与管理》2016 年第 2 期。

［166］ 尹奎、孙健敏、邢璐、杨夕瑾：《研究生科研角色认同对科研创造力的影响：导师包容性领导、师门差错管理氛围的作用》，《心理发展与教育》2016 年第 5 期。

［167］ 尹润锋、朱颖俊：《绩效考核目标取向与员工创新行为：差错管理文化的中介作用》，《科学学与科学技术管理》2013 年第 2 期。

［168］ 于海波、关晓宇、郑晓明：《家长式领导创造绩效，服务型领导带来满意——两种领导行为的整合》，《科学学与科学技术管理》2014 年第 6 期。

［169］ 袁凌、李静、李健：《差序式领导对员工创新行为的影响——领导创新期望的调节作用》，《科技进步与对策》2016 年第 10 期。

［170］ 袁朋伟、董晓庆、翟怀远、冯群：《共享领导对知识员工创新行为的影响研究——知识分享与团队凝聚力的作用》，《软科学》2018 年第 1 期。

［171］ 张建卫、李海红、刘玉新、赵辉：《家长式领导对多层面创造力的作用机制》，《心理科学进展》2018 年第 7 期。

［172］ 张君、孙健敏：《中国组织情境下的家长式领导研究述评》，《现代管理科学》2017 年第 11 期。

［173］ 张丽华、朱金强、冯彩玲：《员工创新行为的前因和结果变量研究》，《管理世界》2016 年第 6 期。

［174］ 张宁俊、袁梦莎、付春香、吴蕊君：《差错管理氛围与员工创新行为的关系研究》，《科研管理》2015 年第 1 期。

[175] 张廷君：《公务员公共服务动机维度差异的本土化分析——基于福建的调查》，《西安电子科技大学学报》（社会科学版）2012年第3期。

[176] 张玮、刘延平：《组织文化对组织承诺的影响研究——职业成长的中介作用检验》，《管理评论》2015年第8期。

[177] 张旭、樊耘、黄敏萍、颜静：《基于自我决定理论的组织承诺形成机制模型构建：以自主需求成为主导需求为背景》，《南开管理评论》2013年第6期。

[178] 张银、李燕萍：《领导风格、心理授权与员工创造力：基于中国电力行业的实证研究》，《科技进步与对策》2011年第21期。

[179] 张永军、张鹏程、赵君：《家长式领导对员工亲组织非伦理行为的影响：基于传统性的调节效应》，《南开管理评论》2017年第2期。

[180] 张增田、王玲玲：《基于计划行为理论的公务员参与廉政教育意向研究》，《中国行政管理》2015年第2期。

[181] 张振刚、李娟娟、李云健：《知识型员工创新行为：组织学习与知识分享的作用研究》，《科技进步与对策》2014年第20期。

[182] 张振刚、李云健、李娟娟：《心理资本、创新氛围感知与创新行为关系研究》，《中国科技论坛》2015年第2期。

[183] 张振刚、李云健、余传鹏：《员工的主动性人格与创新行为关系研究——心理安全感与知识分享能力的调节作用》，《科学学与科学技术管理》2014年第7期。

[184] 张振刚、徐洋洋、余传鹏：《家长式领导研究述评与展望》，《中国人力资源开发》2013年第13期。

[185] 张振刚、余传鹏、李云健：《主动性人格、知识分享与员工

创新行为关系研究》，《管理评论》2016 年第 4 期。

[186] 章璐璐、杨付、古银华：《包容型领导：概念、测量及与相关变量的关系》，《心理科学进展》2016 年第 9 期。

[187] 赵斌、韩盼盼、赵凤娜：《价值观匹配与员工创新行为——内部人身份感知和批判性思维的作用》，《软科学》2017 年第 3 期。

[188] 赵斌、韩盼盼：《人—工作匹配、辱虐管理对创新行为的影响——基本心理需求的中介作用》，《软科学》2016 年第 4 期。

[189] 赵斌、刘桂霞、宇卫昕、周倩倩：《差错管理氛围、工作复杂性对员工创新行为影响的跨层次研究》，《预测》2017 年第 5 期。

[190] 赵斌、徐璐：《差错管理氛围对员工创新行为影响研究——基本心理需求与知识建构的双路径作用》，《经济经纬》2018 年第 2 期。

[191] 赵祁、李锋：《团队领导与团队有效性：基于社会认同理论的多层次研究》，《心理科学进展》2016 年第 11 期。

[192] 郑伯埙、周丽芳、樊景立：《家长式领导：三元模式的建构与测量》，《本土心理学研究》2000 年第 14 期。

[193] 郑晓明、刘鑫：《互动公平对员工幸福感的影响：心理授权的中介作用与权力距离的调节作用》，《心理学报》2016 年第 6 期。

[194] 郑馨怡、李燕萍、刘宗华：《知识分享对员工创新行为的影响：基于组织的自尊和组织支持感的作用》，《商业经济与管理》2017 年第 1 期。

[195] 钟坚龙、蒋巧燕：《基于心理资本理论的基层年轻公务员创新能力培养路径——以发达地区 k 区 550 名基层年轻公务员

为例》，《天水行政学院学报》2017 年第 5 期。

［196］钟琳莉：《三元家长式领导模式下员工创新行为研究》，《领导科学》2018 年第 14 期。

［197］周浩、龙立荣：《共同方法偏差的统计检验与控制方法》，《心理科学进展》2004 年第 6 期。

［198］周浩、龙立荣：《家长式领导与组织公正感的关系》，《心理学报》2007 年第 5 期。

［199］周浩、龙立荣：《恩威并施，以德服人——家长式领导研究述评》，《心理科学进展》2005 年第 2 期。

［200］周晖、夏格、邓舒：《差错管理气氛对员工创新行为的影响——基于中庸思维作为调节变量的分析》，《商业研究》2017 年第 4 期。

［201］朱瑜、吕阳、王雁飞、王丽璇：《教练型领导如何影响员工创新？跨层次被调节的中介效应》，《心理学报》2018 年第 3 期。

［202］朱玥、王晓辰：《服务型领导对员工建言行为的影响：领导—成员交换和学习目标取向的作用》，《心理科学》2015 年第 2 期。

［203］祝军：《青年公务员公共服务动机对工作投入的影响研究》，《中国青年政治学院学报》2013 年第 5 期。

［204］庄子匀、陈敬良：《服务型领导对员工创新行为和团队创新能力的影响：个体与团队的多层次实证研究》，《预测》2015 年第 5 期。

［205］［美］艾尔·巴比：《社会研究方法》，华夏出版社 2018 年版。

［206］［美］杰弗里·A. 迈尔斯：《管理与组织研究必读的 40 个经典理论》，北京大学出版社 2017 年版。

外文文献

[1] Abstein A. and Spieth P., "Exploring HRM Meta-Features that Foster Employees' Innovative Work Behaviour in Times of Increasing Work-Life Conflict", *Creativity and Innovation Management*, Vol. 23, No. 2, 2014.

[2] Afsar B., Badir Y. F. and Saeed B. B., "Transformational Leadership and Innovative Work Behavior", *Industrial Management & Data Systems*, Vol. 114, No. 8, 2014.

[3] Agarwal U. A., Datta S., Blake-Beard S., Bhargava S., "Linking LMX, Innovative Work Behaviour and Turnover Intentions: The Mediating Role of Work Engagement", *Career Development International*, Vol. 17, No. 2 –3, 2012.

[4] Agarwal U. A., "Linking Justice, Trust and Innovative Work Behaviour to Work Engagement", *Personnel Review*, Vol. 43, No. 1, 2014.

[5] Ajzen I., "Perceived Behavioral Control, Self-Efficacy, Locus of Control, and the Theory of Planned Behavior", *Journal of Applied Social Psychology*, Vol. 32, No. 4, 2002.

[6] Ajzen I., "The Theory of Planned Behavior", *Organizational Behavior and Human Decision Processes*, Vol. 50, No. 2, 1991.

[7] Andersen L. B. and Kjeldsen A. M., "Public Service Motivation, User Orientation, and Job Satisfaction: A Question of Employment Sector?", *International Public Management Journal*, Vol. 16, No. 2, 2013.

[8] Aryee S., Walumbwa F. O., Zhou Q., et al., "Transformational Leadership, Innovative Behavior, and Task Performance: Test

of Mediation and Moderation Processes", *Human Performance*, Vol. 25, No. 1, 2012.

[9] Ashforth B. E. and Mael F., "Social Identity Theory and the Organization", *Academy of Management Review*, Vol. 14, No. 1, 1989.

[10] Aycan Z., "Paternalism: Towards Conceptual Refinement and Operationalization", In: Yang K. S., Hwang K. K. and Kim U. (Eds.), *Scientific Advances an Indigenous Psychologies: Empirical, Philosophical, and Cultural Contributions*, London: Cambridge University Press, 2006.

[11] Barbuto Jr J. E., Gottfredson R. K. and Searle T. P., "An Examination of Emotional Intelligence as an Antecedent of Servant Leadership", *Journal of Leadership & Organizational Studies*, Vol. 21, No. 3, 2014.

[12] Barbuto Jr J. E. and Wheeler D. W., "Scale Development and Construct Clarification of Servant Leadership", *Group & Organization Management*, Vol. 31, No. 3, 2006.

[13] Bass B. M., "The Future of Leadership in Learning Organizations", *Journal of Leadership Studies*, Vol. 7, No. 3, 2000.

[14] Basu R. and Green S. G., "Leader-member Exchange and Transformational Leadership: An Empirical Examination of Innovative Behaviors in Leader-Member Dyads", *Journal of Applied Social Psychology*, Vol. 27, No. 6, 1997.

[15] Beck C. D., "Antecedents of Servant Leadership: A Mixed Methods Study", *Journal of Leadership & Organizational Studies*, Vol. 21, No. 3, 2014.

[16] Behn R. D., "The Big Questions of Public Management", *Public Administration Review*, Vol. 55, No. 4, 1995.

［17］ Bellé N. , "Experimental Evidence on the Relationship Between Public Service Motivation and Job Performance", *Public Administration Review*, Vol. 73, No. 1, 2013.

［18］ Bellé N. , "Leading to Make a Difference: A Field Experiment on the Performance Effects of Transformational Leadership, Perceived Social Impact, and Public Service Motivation", *Journal of Public Administration Research and Theory*, Vol. 24, No. 1, 2013.

［19］ Blau P. ed. , *Exchange and Power in Social Life*, New York: Routledge, 1986.

［20］ Borins S. , "Leadership and Innovation in the Public Sector", *Leadership & Organization Development Journal*, Vol. 23, No. 8, 2002.

［21］ Brænder M. and Andersen L. B. , "Does Deployment to War Affect Public Service Motivation? A Panel Study of Soldiers Before and after Their Service in Afghanistan", *Public Administration Review*, Vol. 73, No. 3, 2013.

［22］ Bysted R. and Hansen J. R. , "Comparing Public and Private Sector Employees' Innovative Behaviour: Understanding the Role of Job and Organizational Characteristics, Job Types, and Subsectors", *Public Management Review*, Vol. 17, No. 5, 2015.

［23］ Bysted R. and Jespersen K. R. , "Exploring Managerial Mechanisms that Influence Innovative Work Behaviour", *Public Management Review*, Vol. 16, No. 2, 2014.

［24］ Camilleri E. , "Antecedents Affecting Public Service Motivation", *Personnel Review*, Vol. 36, No. 3, 2007.

［25］ Cannon M. D. and Edmondson A. C. , "Failing to Learn and

Learning to Fail（Intelligently）: How Great Organizations Put Failure to Work to Innovate and Improve", *Long Range Planning*, Vol. 38, No. 3, 2005.

[26] Carnevale J. B., Huang L., Crede M., et al., "Leading to Stimulate Employees' Ideas: A Quantitative Review of Leader-Member Exchange, Employee Voice, Creativity, and Innovative Behavior", *Applied Psychology-an International Review-Psychologie Appliquee-Revue Internationale*, Vol. 66, No. 4, 2017.

[27] Chan S. C., "Paternalistic Leadership and Employee Voice: Does Information Sharing Matter? ", *Human Relations*, Vol. 67, No. 6, 2014.

[28] Chang S., Gong Y. and Shum C., "Promoting Innovation in Hospitality Companies through Human Resource Management Practices", *International Journal of Hospitality Management*, Vol. 30, No. 4, 2011.

[29] Chen X. P., Eberly M. B., Chiang T. J., et al., "Affective Trust in Chinese Leaders: Linking Paternalistic Leadership to Employee Performance", *Journal of Management*, Vol. 40, No. 3, 2014.

[30] Cheng B. S., Chou L. F., Huang M. P., et al., "A Triad Model of Paternalistic Leadership: Evidence from Business Organizations in Mainland China", *Indigenous Psychological Research in Chinese Societies*, Vol. 20, No. 1, 2003.

[31] Choi S. B., Tran T. B. H. and Park B. I., "Inclusive Leadership and Work Engagement: Mediating Roles of Affective Organizational Commitment and Creativity", *Social Behavior and Personality: an international journal*, Vol. 43, No. 6, 2015.

[32] Choudhary A. I. , Akhtar S. A. and Zaheer A. , "Impact of Transformational and Servant Leadership on Organizational Performance: A Comparative Analysis", *Journal of Business Ethics*, Vol. 116, No. 2, 2013.

[33] Christensen R. K. , Paarlberg L. and Perry J. L. , "Public Service Motivation Research: Lessons for Practice", *Public Administration Review*, Vol. 77, No. 4, 2017.

[34] Cigularov K. P. , Chen P. Y. and Rosecrance J. , "The Effects of Error Management Climate and Safety Communication on Safety: A Multi-Level Study", *Accident Analysis & Prevention*, Vol. 42, No. 5, 2010.

[35] Conner M. and Armitage C. J. , "Extending the Theory of Planned Behavior: A Review and Avenues for Further Research", *Journal of Applied Social Psychology*, Vol. 28, No. 15, 1998.

[36] Cooper C. D. , "Just Joking Around? Employee Humor Expression as an Ingratiatory Behavior", *Academy of Management Review*, Vol. 30, No. 4, 2005.

[37] Crawford C. B. , "Theory and Implications Regarding the Utilization of Strategic Humor by Leaders", *Journal of Leadership Studies*, Vol. 1, No. 4, 1994.

[38] Cropanzano R. and Mitchell M. S. , "Social Exchange Theory: An Interdisciplinary Review", *Journal of Management*, Vol. 31, No. 6, 2005.

[39] Damanpour F. and Schneider M. , "Characteristics of Innovation and Innovation Adoption in Public Organizations: Assessing the Role of Managers", *Journal of Public Administration Research and Theory*, Vol. 19, No. 3, 2008.

［40］ De Jong J. and Den Hartog D. , "Measuring Innovative Work Behaviour", *Creativity and Innovation Management*, Vol. 19, No. 1, 2010.

［41］ De Spiegelaere S. , Van Gyes G. , De Witte H. , et al. , " On the Relation of Job Insecurity, Job Autonomy, Innovative Work Behaviour and the Mediating Effect of Work Engagement", *Creativity and Innovation Management*, Vol. 23, No. 3, 2014.

［42］ De Vries H. , Bekkers V. and Tummers L. , "Innovation in the Public Sector: A Systematic Review and Future Research Agenda", *Public Administration*, Vol. 94, No. 1, 2016.

［43］ Deci E. L. and Ryan R. M. ed. , *Handbook of Self-Determination Research*, NY: The University of Rochester Press, 2002.

［44］ DeConinck J. B. , Moss H. K. and Deconinck M. B. , " The Relationship between Servant Leadership, Perceived Organizational Support, Performance, and Turnover among Business to Business Salespeople", *Global J Management and Marketing*, Vol. 2, No. 1, 2018.

［45］ DeHart-Davis L. , Marlowe J. and Pandey S. K. , "Gender Dimensions of Public Service Motivation", *Public Administration Review*, Vol. 66, No. 6, 2006.

［46］ Devloo T. , Anseel F. , De Beuckelaer A. , et al. , "Keep the Fire Burning: Reciprocal Gains of Basic Need Satisfaction, Intrinsic Motivation and Innovative Work Behaviour", *European Journal of Work and Organizational Psychology*, Vol. 24, No. 4, 2015.

［47］ Dhar R. L. , "Ethical Leadership and Its Impact on Service Innovative Behavior: The Role of LMX and Job Autonomy", *Tourism*

Management, Vol. 57, 2016.

[48] Dorenbosch L., Engen M. L. and Verhagen M., "On-the-Job Innovation: The Impact of Job Design and Human Resource Management through Production Ownership", *Creativity and Innovation Management*, Vol. 14, No. 2, 2005.

[49] Du R., Liu L., Straub D. W., et al., "The Impact of Espoused National Cultural Values on Innovative Behaviour: An Empirical Study in the Chinese IT-Enabled Global Service Industry", *Asia Pacific Business Review*, Vol. 23, No. 3, 2017.

[50] Dust S. B., Resick C. J. and Mawritz M. B., "Transformational Leadership, Psychological Empowerment, and the Moderating Role of Mechanistic-Organic Contexts", *Journal of Organizational Behavior*, Vol. 35, No. 3, 2014.

[51] Ehrhart M. G., "Leadership and Procedural Justice Climate as Antecedents of Unit-Level Organizational Citizenship Behavior", *Personnel Psychology*, Vol. 57, No. 1, 2004.

[52] Escribá-Carda N., Balbastre-Benavent F. and Canet-Giner M. T., "Employees' Perceptions of High-Performance Work Systems and Innovative Behaviour: The Role of Exploratory Learning", *European Management Journal*, Vol. 35, No. 2, 2017.

[53] Farh J. L., Liang J., Chou L. F., et al., "Paternalistic Leadership in Chinese Organizations: Research Progress and Future Research Direction", In: Chen Chao-Chuan and Lee Yueh-Ting (eds.), *Leadership and management in China: Philosophies, theories, and practices*, Cambridge: Cambridge University Press, 2008.

[54] Farling M. L., Stone A. G. and Winston B. E., "Servant Leader-

ship: Setting the Stage for Empirical Research", *Journal of Leadership Studies*, Vol. 6, No. 1 – 2, 1999.

[55] Fernandez S. and Moldogaziev T., "Employee Empowerment and Job Satisfaction in the US Federal Bureaucracy: A Self-Determination Theory Perspective", *The American Review of Public Administration*, Vol. 45, No. 4, 2015.

[56] Fernandez S. and Moldogaziev T., "Employee Empowerment, Employee Attitudes, and Performance: Testing a Causal Model", *Public Administration Review*, Vol. 73, No. 3, 2013.

[57] Fernandez S. and Moldogaziev T., "Using Employee Empowerment to Encourage Innovative Behavior in the Public Sector", *Journal of Public Administration Research and Theory*, Vol. 23, No. 1, 2012.

[58] Fong K. H. and Snape E., "Empowering Leadership, Psychological Empowerment and Employee Outcomes: Testing a Multi-Level Mediating Model", *British Journal of Management*, Vol. 26, No. 1, 2015.

[59] Ford C. M., "A Theory of Individual Creative Action in Multiple Social Domains", *Academy of Management Review*, Vol. 21, No. 4, 1996.

[60] Gold A., Gronewold U. and Salterio S. E., "Error Management in Audit Firms: Error Climate, Type, and Originator", *The Accounting Review*, Vol. 89, No. 1, 2014.

[61] Gong Y., Huang J. C. and Farh J. L., "Employee Learning Orientation, Transformational Leadership, and Employee Creativity: The Mediating Role of Employee Creative Self-Efficacy", *Academy of Management Journal*, Vol. 52, No. 4, 2009.

[62] Greenleaf R. K. ed. , *Servant Leadership*, New York: Paulist Press, 1977.

[63] Guchait P. , Paşamehmetoğlu A. and Madera J. , "Error Management Culture: Impact on Cohesion, Stress, and Turnover Intentions", *The Service Industries Journal*, Vol. 36, No. 3 – 4, 2016.

[64] Gumusluoglu L. , Karakitapoğlu-Aygün Z. and Scandura T. A. , "A Multilevel Examination of Benevolent Leadership and Innovative Behavior in R&D Contexts: A Social Identity Approach", *Journal of Leadership & Organizational Studies*, Vol. 24, No. 4, 2017.

[65] Hale J. R. and Fields D. L. , "Exploring Servant Leadership across Cultures: A Study of Followers in Ghana and the USA", *Leadership*, Vol. 3, No. 4, 2007.

[66] Hayes A. F. ed. , *Introduction to Mediation, Moderation, and Conditional Process Analysis: A Regression-Based Approach*, New York: The Guilford Press, 2018.

[67] Herman H. M. and Chiu W. C. , "Transformational Leadership and Job Performance: A Social Identity Perspective", *Journal of Business Research*, Vol. 67, No. 1, 2014.

[68] Homans George C. ed. , *Social Behavior: Its Elementary Forms*, New York: Harcourt, Brace and World, 1961.

[69] Homberg F. , McCarthy D. and Tabvuma V. , "A Meta-Analysis of the Relationship between Public Service Motivation and Job Satisfaction", *Public Administration Review*, Vol. 75, No. 5, 2015.

[70] Horng J. S. , Hong J. C. , ChanLin L. J. , et al. , "Creative

Teachers and Creative Teaching Strategies", *International Journal of Consumer Studies*, Vol. 29, No. 4, 2005.

[71] Hou X., "Multilevel Influence of Destructive Leadership on Millennial Generation Employees' Innovative Behavior", *Social Behavior and Personality*, Vol. 45, No. 7, 2017.

[72] Hsu M. L. and Chen F. H., "The Cross-Level Mediating Effect of Psychological Capital on the Organizational Innovation Climate-Employee Innovative Behavior Relationship", *Journal of Creative Behavior*, Vol. 51, No. 2, 2017.

[73] Hurt H. T., Joseph K. and Cook C. D., "Scales for the Measurement of Innovativeness", *Human Communication Research*, Vol. 4, No. 1, 1977.

[74] Jang C. L., "The Effect of Personality Traits on Public Service Motivation: Evidence from Taiwan", *Social Behavior and Personality: an international journal*, Vol. 40, No. 5, 2012.

[75] Janssen O., "Job Demands, Perceptions of Effort-Reward Fairness and Innovative Work Behaviour", *Journal of Occupational and Organizational Psychology*, Vol. 73, No. 3, 2000.

[76] Javed B., Bashir S., Rawwas M. Y., et al., "Islamic Work Ethic, Innovative Work Behaviour, and Adaptive Performance: The Mediating Mechanism and an Interacting Effect", *Current Issues in Tourism*, Vol. 20, No. 6, 2017.

[77] Jiun-Lan H. S. U. and Jeng-Hwan W., "Exploring the Effects of Organizational Justice on Employees' Innovative Behavior in Hospitality Industry from the Aspect of Organizational Support", *Revista De Cercetare Si Interventie Sociala*, Vol. 49, 2015.

[78] Jose G. and Mampilly S. R., "Psychological Empowerment as A

Predictor of Employee Engagement: An Empirical Attestation",
Global Business Review, Vol. 15, No. 1, 2014.

[79] Julnes P. D. L. and Gibson E. , eds. , *Innovation in the Public
and Nonprofit Sectors: A Public Solutions Handbook*, New York:
Routledge, 2015.

[80] Kamarck E. C. , "Lessons for the Future of Government Reform.
Prepared Statement of the Brookings Institution before the House
Government Affairs Committee", 2013.

[81] Kang M. and Lee M. J. , "Absorptive Capacity, Knowledge Sha-
ring, and Innovative Behaviour of R&D Employees", *Technology
Analysis & Strategic Management*, Vol. 29, No. 2, 2017.

[82] Kanter R. M. , "When a Thousand Flowers Bloom: Structural,
Collective, and Social Conditions for Innovation in Organiza-
tions", In: Paul M. S. (eds.), *Knowledge Management and
Organizational Design.* Routledge, 2009.

[83] Khan M. J. , Aslam N. and Riaz M. N. , "Leadership Styles as
Predictors of Innovative Work Behavior", *Pakistan Journal of So-
cial & Clinical Psychology*, Vol. 9, No. 2, 2012.

[84] Khany R. and Tazik K. , "On the Relationship between Psycho-
logical Empowerment, Trust, and Iranian EFL Teachers' Job
Satisfaction: The Case of Secondary School Teachers", *Journal
of Career Assessment*, Vol. 24, No. 1, 2016.

[85] Kilman R. H. ed. , *Managing beyond the Quick Fix: A Complete-
ly Integrated Program for Creating and Maintaining Organization-
al Success*, San Francisco: Josey-Bass, 1989.

[86] Kim S. , "Individual-Level Factors and Organizational Perform-
ance in Government Organizations", *Journal of Public Adminis-*

tration Research and Theory, Vol. 15, No. 2, 2005.

[87] Kim S., "National Culture and Public Service Motivation: Investigating the Relationship Using Hofstede's Five Cultural Dimensions", *International Review of Administrative Sciences*, Vol. 83, No. 1, 2017.

[88] Kim S., Vandenabeele W., Wright B. E., et al., "Investigating the Structure and Meaning of Public Service Motivation across Populations: Developing an International Instrument and Addressing Issues of Measurement Invariance", *Journal of Public Administration Research and Theory*, Vol. 23, No. 1, 2012.

[89] Kjeldsen A. M. and Jacobsen C. B., "Public Service Motivation and Employment Sector: Attraction or Socialization?", *Journal of Public Administration Research and Theory*, Vol. 23, No. 4, 2012.

[90] Kleysen R. F. and Street C. T., "Toward a Multi-Dimensional Measure of Individual Innovative Behavior", *Journal of Intellectual Capital*, Vol. 2, No. 3, 2001.

[91] Knol J. and Van Linge R., "Innovative Behaviour: The Effect of Structural and Psychological Empowerment on Nurses", *Journal of Advanced Nursing*, Vol. 65, No. 2, 2009.

[92] Ko J. and Hur S. U., "The Impacts of Employee Benefits, Procedural Justice, and Managerial Trustworthiness on Work Attitudes: Integrated Understanding Based on Social Exchange Theory", *Public Administration Review*, Vol. 74, No. 2, 2014.

[93] Korzilius H., Bücker J. J. and Beerlage S., "Multiculturalism and Innovative Work Behavior: The Mediating Role of Cultural Intelligence", *International Journal of Intercultural Relations*,

Vol. 56, 2017.

[94] Krause D. E. , "Influence-based Leadership as A Determinant of the Inclination to Innovate and of Innovation-Related Behaviors: An Empirical Investigation", *The Leadership Quarterly*, Vol. 15, No. 1, 2004.

[95] Kroll A. , "Explaining the Use of Performance Information by Public Managers: A Planned-Behavior Approach", *The American Review of Public Administration*, Vol. 45, No. 2, 2015.

[96] Kruyen P. M. and Van Genugten M. , "Creativity in Local Government: Definition and Determinants", *Public Administration*, Vol. 95, No. 3, 2017.

[97] Langer J. and LeRoux K. , "Developmental Culture and Effectiveness in Nonprofit Organizations", *Public Performance & Management Review*, Vol. 40, No. 3, 2017.

[98] Li C. H. and Wu J. J. , "The Structural Relationships between Optimism and Innovative Behavior: Understanding Potential Antecedents and Mediating Effects", *Creativity Research Journal*, Vol. 23, No. 2, 2011.

[99] Li-Hsing H. , Ya-Ping W. , Hung-Chen H. , et al. , " Influence of Humorous Leadership at Workplace on the Innovative Behavior of Leaders and Their Leadership Effectiveness", *African Journal of Business Management*, Vol. 5, No. 16, 2011.

[100] Li M. and Hsu C. H. , "A Review of Employee Innovative Behavior in Services", *International Journal of Contemporary Hospitality Management*, Vol. 28, No. 12, 2016.

[101] Liden R. C. , Wayne S. J. , Zhao H. , et al. , "Servant Leadership: Development of A Multidimensional Measure and Multi-

Level Assessment", *Leadership Quarterly*, Vol. 19, No. 2, 2008.

[102] Lin H. C., Lee Y. D., "A Study of the Influence of Organizational Learning on Employees' Innovative Behavior and Work Engagement by A Cross-Level Examination", *Eurasia Journal of Mathematics Science and Technology Education*, Vol. 13, No. 7, 2017.

[103] Loi R., Chan K. W., Lam L. W., "Leader-Member Exchange, Organizational Identification, and Job Satisfaction: A Social Identity Perspective", *Journal of Occupational and Organizational Psychology*, Vol. 87, No. 1, 2014.

[104] Loogma K., Kruusvall J., Ümarik M., "E-learning as Innovation: Exploring Innovativeness of the VET Teachers' Community in Estonia", *Computers & Education*, Vol. 58, No. 2, 2012.

[105] Lubberhuizen P. ed. *A Study in Nursing Teams of the Relationships Between Innovation, Climate and Innovative Behaviour*, 1999.

[106] Lukes M., Stephan U., "Measuring Employee Innovation A Review of Existing Scales and the Development of the Innovative Behavior and Innovation Support Inventories across Cultures", *International Journal of Entrepreneurial Behaviour & Research*, Vol. 23, No. 1, 2017.

[107] Luoh H. F., Tsaur S. H., Tang Y. Y., "Empowering Employees: Job Standardization and Innovative Behavior", *International Journal of Contemporary Hospitality Management*, Vol. 26, No. 7, 2014.

[108] Martins E., Pundt A., Horsmann C. S., et al., "Organiza-

tional Culture of Participation: Development and Validation of A Measure", *German Journal of Human Resource Management*, Vol. 22, No. 2, 2008.

[109] Mayer D. M., Bardes M., Piccolo R. F., "Do Servant-Leaders Help Satisfy Follower Needs? An Organizational Justice Perspective", *European Journal of Work and Organizational Psychology*, Vol. 17, No. 2, 2008.

[110] Menon S. T., Hartmann L. C., "Generalizability of Menon's Empowerment Scale: Replication and Extension with Australian Data", *International Journal of Cross Cultural Management*, Vol. 2, No. 2, 2002.

[111] Menon S., "Employee Empowerment: An Integrative Psychological Approach", *Applied psychology*, Vol. 50, No. 1, 2001.

[112] Miao Q., Newman A., Schwarz G., et al., "How Leadership and Public Service Motivation Enhance Innovative Behavior", *Public Administration Review*, Vol. 78, No. 1, 2018.

[113] Miller G. J., Yang K. ed., *Handbook of Research Methods in Public Administration*, Florida: CRC press, 2007.

[114] Montani F., Odoardi C., Battistelli A., "Individual and Contextual Determinants of Innovative Work Behaviour: Proactive Goal Generation Matters", *Journal of Occupational and Organizational Psychology*, Vol. 87, No. 4, 2014.

[115] Moussa M., McMurray A., Muenjohn N., "Innovation and Leadership in Public Sector Organizations", *Journal of Management Research*, Vol. 10, No. 3, 2018.

[116] Moynihan D. P., Pandey S. K., "The Role of Organizations in Fostering Public Service Motivation", *Public Administration Re-*

view, Vol. 67, No. 1, 2007.

[117] Newman A. , Schwarz G. , Cooper B. , et al. , " How Servant Leadership Influences Organizational Citizenship Behavior: The Roles of LMX, Empowerment, and Proactive Personality", *Journal of Business Ethics*, Vol. 145, No. 1, 2017.

[118] Nisula A. M. , Kianto A. , "The Antecedents of Individual Innovative Behaviour in Temporary Group Innovation", *Creativity and Innovation Management*, Vol. 25, No. 4, 2016.

[119] Odoardi C. , Montani F. , Boudrias J. S. , et al. , " Linking Managerial Practices and Leadership Style to Innovative Work Behavior: The Role of Group and Psychological Processes", *Leadership & Organization Development Journal*, Vol. 36, No. 5, 2015.

[120] Öge E. , Çetin M. , Top S. , "The Effects of Paternalistic Leadership on Workplace Loneliness, Work Family Conflict and Work Engagement among Air Traffic Controllers in Turkey", *Journal of Air Transport Management*, Vol. 66, 2018.

[121] Omri W. , "Innovative Behavior and Venture Performance of SMEs: The Moderating Effect of Environmental Dynamism", *European Journal of Innovation Management*, Vol. 18, No. 2, 2015.

[122] Paarlberg L. E. , Lavigna B. , "Transformational Leadership and Public Service Motivation: Driving Individual and Organizational Performance", *Public Administration Review*, Vol. 70, No. 5, 2010.

[123] Parris D. L. , Peachey J. W. , "A Systematic Literature Review of Servant Leadership Theory in Organizational Contexts", *Jour-*

nal of Business Ethics, Vol. 113, No. 3, 2013.

[124] Pellegrini E. K. , Scandura T. A. , "Paternalistic Leadership: A Review and Agenda for Future Research", *Journal of Management*, Vol. 34, No. 3, 2008.

[125] Pellegrini E. K. , Scandura T. A. , Jayaraman V. , "Cross-Cultural Generalizability of Paternalistic Leadership: An Expansion of Leader-Member Exchange Theory", *Group & Organization Management*, Vol. 35, No. 4, 2010.

[126] Perry J. L. , Hondeghem A. , eds. *Motivation in Public Management: The Call of Public Service*, New York: Oxford University Press, 2008.

[127] Perry J. L. , Wise L. R. , "The Motivational Bases of Public Service ", *Public Administration Review*, Vol. 50, No. 3, 1990.

[128] Perry J. L. , "Measuring Public Service Motivation: An Assessment of Construct Reliability and Validity", *Journal of Public Administration Research and Theory*, Vol. 6, No. 1, 1996.

[129] Pieterse A. N. , Van Knippenberg D. , Schippers M. , et al. , " Transformational and Transactional Leadership and Innovative Behavior: The Moderating Role of Psychological Empowerment", *Journal of Organizational Behavior*, Vol. 31, No. 4, 2010.

[130] Podsakoff P. M. , MacKenzie S. B. , Lee J. Y. , et al. , " Common Method Biases in Behavioral Research: A Critical Review of the Literature and Recommended Remedies", *Journal of Applied Psychology*, Vol. 88, No. 5, 2003.

[131] Prieto I. M. , Pérez-Santana M. P. , "Managing Innovative Work Behavior: The Role of Human Resource Practices", *Personnel*

Review, Vol. 43, No. 2, 2014.

[132] Pundt A., "The Relationship between Humorous Leadership and Innovative Behavior", *Journal of Managerial Psychology*, Vol. 30, No. 8, 2015.

[133] Rabia I., Tahir S., Afsheen F., "Organizational Climate as A Predictor of Innovative Work Behavior", *African Journal of Business Management*, Vol. 4, No. 15, 2010.

[134] Radaelli G., Lettieri E., Mura M., et al., "Knowledge Sharing and Innovative Work Behaviour in Healthcare: A Micro-Level Investigation of Direct and Indirect Effects", *Creativity and Innovation Management*, Vol. 23, No. 4, 2014.

[135] Raja U., Johns G., "The Joint Effects of Personality and Job Scope on In-Role Performance, Citizenship Behaviors, and Creativity", *Human Relations*, Vol. 63, No. 7, 2010.

[136] Resick C. J., Hanges P. J., Dickson M. W., et al., "A Cross-Cultural Examination of the Endorsement of Ethical Leadership", *Journal of Business Ethics*, Vol. 63, No. 4, 2006.

[137] Reuvers M., Van Engen M. L., Vinkenburg C. J., et al., "Transformational Leadership and Innovative Work Behaviour: Exploring the Relevance of Gender Differences", *Creativity and Innovation Management*, Vol. 17, No. 3, 2008.

[138] Ritz A., Brewer G. A., Neumann O., "Public Service Motivation: A Systematic Literature Review and Outlook", *Public Administration Review*, Vol. 76, No. 3, 2016.

[139] Ritz A., "Public Service Motivation and Organizational Performance in Swiss Federal Government", *International Review of Administrative Sciences*, Vol. 75, No. 1, 2009.

[140] Romero I., Martínez-Román J. A., "Self-Employment and In-novation. Exploring the Determinants of Innovative Behavior in Small Businesses", *Research Policy*, Vol. 41, No. 1, 2012.

[141] Russell E. J., Broome R., Russell J., "Servant Leadership and the Wellbeing of Police Officers: A Case Study", *Servant Leadership: Theory & Practice*, Vol. 5, No. 2, 2018.

[142] San Park J., Hyun Kim T., "Do Types of Organizational Culture Matter in Nurse Job Satisfaction and Turnover Intention?", *Leadership in Health Services*, Vol. 22, No. 1, 2009.

[143] Sanders K., Shipton H., "The Relationship between Transformational Leadership and Innovative Behaviour in a Healthcare Context: A Team Learning versus a Cohesion Perspective", *European Journal of International Management*, Vol. 6, No. 1, 2012.

[144] Schein E. H. ed. *Organizational Culture and Leadership*, John Wiley & Sons, 2010.

[145] Schermuly C. C., Meyer B., Dämmer L., "Leader-Member Exchange and Innovative Behavior: The Mediating Role of Psychological Empowerment", *Journal of Personnel Psychology*, Vol. 12, No. 3, 2013.

[146] Schneider S. K., George W. M., "Servant Leadership versus Transformational Leadership in Voluntary Service Organizations", *Leadership & Organization Development Journal*, Vol. 32, No. 1 - 2, 2011.

[147] Scott S. G., Bruce R. A., "Determinants of Innovative Behavior-A Path Model of Individual Innovation in the Workplace", *Academy of Management Journal*, Vol. 37, No. 3, 1994.

[148] Seibert S. E. , Wang G. , Courtright S. H. , "Antecedents and Consequences of Psychological and Team Empowerment in Organizations: A Meta-Analytic Review", *Journal of Applied Psychology*, Vol. 96, No. 5, 2011.

[149] Shalley C. E. , Zhou J. , Oldham G. R. , "The Effects of Personal and Contextual Characteristics on Creativity: Where Should We Go From Here? ", *Journal of Management*, Vol. 30, No. 6, 2004.

[150] Shanker R. , Bhanugopan R. , van der Heijden B. I. , et al. , "Organizational Climate for Innovation and Organizational Performance: The Mediating Effect of Innovative Work Behavior", *Journal of Vocational Behavior*, Vol. 100, 2017.

[151] Shin S. J. , Yuan F. , Zhou J. , "When Perceived Innovation Job Requirement Increases Employee Innovative Behavior: A Sensemaking Perspective", *Journal of Organizational Behavior*, Vol. 38, No. 1, 2017.

[152] Spanuth T. , Wald A. , "How to Unleash the Innovative Work Behavior of Project Staff? The Role of Affective and Performance-based Factors", *International Journal of Project Management*, Vol. 35, No. 7, 2017.

[153] Spreitzer G. M. , "Psychological Empowerment in the Workplace: Dimensions, Measurement, and Validation", *Academy of Management Journal*, Vol. 38, No. 5, 1995.

[154] Spreitzer G. M. , "Social Structural Characteristics of Psychological Empowerment", *Academy of Management Journal*, Vol. 39, No. 2, 1996.

[155] Thomas K. W. , Velthouse B. A. , "Cognitive Elements of Em-

powerment: An 'Interpretive' Model of Intrinsic Task Motivation", *Academy of Management Review*, Vol. 15, No. 4, 1990.

[156] Thurlings M., Evers A. T., Vermeulen M., "Toward a Model of Explaining Teachers' Innovative Behavior: A Literature Review", *Review of Educational Research*, Vol. 85, No. 3, 2015.

[157] Tian Q., Sanchez J. I., "Does Paternalistic Leadership Promote Innovative Behavior? The Interaction between Authoritarianism and Benevolence", *Journal of Applied Social Psychology*, Vol. 47, No. 5, 2017.

[158] Tommasetti A., Singer P., Troisi O., et al., "Extended Theory of Planned Behavior (ETPB): Investigating Customers' Perception of Restaurants' Sustainability by Testing a Structural Equation Model", *Sustainability*, Vol. 10, No. 7, 2018.

[159] Torugsa N., Arundel A., "Complexity of Innovation in the Public Sector: A Workgroup-Level Analysis of Related Factors and Outcomes", *Public Management Review*, Vol. 18, No. 3, 2016.

[160] Tu Y. D., Lu X. X., "How Ethical Leadership Influence Employees' Innovative Work Behavior: A Perspective of Intrinsic Motivation", *Journal of Business Ethics*, Vol. 116, No. 2, 2013.

[161] Tuan L. T., "How Servant Leadership Nurtures Knowledge Sharing: The Mediating Role of Public Service Motivation", *International Journal of Public Sector Management*, Vol. 29, No. 1, 2016.

[162] VanDierendonck D., Nuijten I., "The Servant Leadership Survey: Development and Validation of a Multidimensional Measure", *Journal of Business and Psychology*, Vol. 26, No. 3,

2011.

[163] Van Dierendonck D. , "Servant Leadership: A Review and Synthesis", *Journal of Management*, Vol. 37, No. 4, 2011.

[164] Van Dyck C. , Frese M. , Baer M. , et al. , "Organizational Error Management Culture and its Impact on Performance: A Two-Study Replication", *Journal of Applied Psychology*, Vol. 90, No. 6, 2005.

[165] Vandenabeele W. , "The Mediating Effect of Job Satisfaction and Organizational Commitment on Self-Reported Performance: More Robust Evidence of the PSM—Performance Relationship", *International Review of Administrative Sciences*, Vol. 75, No. 1, 2009.

[166] Vandenabeele W. , "Toward a Public Administration Theory of Public Service Motivation: An Institutional Approach", *Public Management Review*, Vol. 9, No. 4, 2007.

[167] Verschuere B. , Beddeleem E. , Verlet D. , "Determinants of Innovative Behaviour in Flemish Nonprofit Organizations", *Public Management Review*, Vol. 16, No. 2, 2014.

[168] Walumbwa F. O. , Hartnell C. A. , Oke A. , "Servant Leadership, Procedural Justice Climate, Service Climate, Employee Attitudes, and Organizational Citizenship Behavior: A Cross-Level Investigation", *Journal of Applied Psychology*, Vol. 95, No. 3, 2010.

[169] Wang Y. L. , "R&D Employees' Innovative Behaviors in Taiwan: HRM and Managerial Coaching as Moderators", *Asia Pacific Journal of Human Resources*, Vol. 51, No. 4, 2013.

[170] Wart M. V. , "Public-Sector Leadership Theory: An Assess-

ment", *Public Administration Review*, Vol. 63, No. 2, 2003.

[171] Westwood R. I., Chan A. eds., *Headship and Leadership*. In: Westwood R I ed. *Organizational behavior: A Southeast Asian perspective*. Hong Kong: Longman Group, 1992.

[172] Westwood R., "Harmony and Patriarchy: The Cultural Basis for 'Paternalistic Headship' among the Overseas Chinese", *Organization Studies*, Vol. 18, No. 3, 1997.

[173] Wong C. A., Laschinger H. K., "Authentic Leadership, Performance, and Job Satisfaction: The Mediating Role of Empowerment", *Journal of Advanced Nursing*, Vol. 69, No. 4, 2013.

[174] Wright B. E., Hassan S., Christensen R. K., "Job Choice and Performance: Revisiting Core Assumptions about Public Service Motivation", *International Public Management Journal*, Vol. 20, No. 1, 2017.

[175] Wright B. E., Moynihan D. P., Pandey S. K., "Pulling the Levers: Transformational Leadership, Public Service Motivation, and Mission Valence", *Public Administration Review*, Vol. 72, No. 2, 2012.

[176] Yang S. C., Huang Y. F., "A Study of High School English Teachers' Behavior, Concerns and Beliefs in Integrating Information Technology into English Instruction", *Computers in Human Behavior*, Vol. 24, No. 3, 2008.

[177] Young L. D., "How to Promote Innovative Behavior at Work? The Role of Justice and Support within Organizations", *Journal of Creative Behavior*, Vol. 46, No. 3, 2012.

[178] Yuan F., Woodman R. W., "Innovative Behavior in the Workplace: The Role of Performance and Image Outcome Expecta-

tions", *Academy of Management Journal*, Vol. 53, No. 2, 2010.

[179] Yoshida D. T., Sendjaya S., Hirst G., et al., " Does Servant Leadership Foster Creativity and Innovation? A Multi-Level Mediation Study of Identification and Prototypicality", *Journal of Business Research*, Vol. 67, No. 7, 2014.

[180] Zammuto R. F., Krakower J. Y., "Quantitative and Qualitative Studies of Organizational Culture", In: William A. Pasmore and Richard W. Woodman (eds.), *Research in Organizational Change and Development: an annual series featuring advances in theory, methodology and research*, Greenwich, CT: JAI Press, 1991.

[181] Zhang X., Zhang Y., Sun Y., et al., " Exploring the Effect of Transformational Leadership on Individual Creativity in E-Learning: A Perspective of Social Exchange Theory", *Studies in Higher Education*, Vol. 43, No. 11, 2017.

[182] Zhang Y., Huai M., Xie Y., "Paternalistic Leadership and Employee Voice in China: A Dual Process Model", *The Leadership Quarterly*, Vol. 26, No. 1, 2015.

附　录

领导风格与公务员创新行为调查问卷

尊敬的女士/先生：

　　您好，非常感谢您抽出宝贵时间参与问卷调查。这是一项关于领导风格与公务员创新行为的纯学术性研究，您的参与对我们的研究非常重要。

　　问卷采用不记名方式，结果仅供学术研究之用。问卷答案无对错之分，请根据您的实际感受认真填写。对于您所填写的问卷我将严格保密。在问卷收集完成后，我会统一将数据录入电脑进行统计分析，并将纸质问卷销毁，所以请您放心如实填答。

　　问卷分为正反面，共计5页，请逐项填答。衷心感谢您对我们研究工作的大力支持！

　　第一部分　下面是关于您的直接上级的一些描述，请您根据实际情况在相应的数字上划"√"。

题项	完全不符合	比较不符合	说不准	比较符合	完全符合
A1. 我的领导会花时间与下属建立良好关系	1	2	3	4	5
A2. 我的领导会在下属之间建立团队氛围	1	2	3	4	5
A3. 我的领导做出决策会受到下属的影响	1	2	3	4	5

题项	完全 不符合	比较 不符合	说不准	比较 符合	完全 符合
A4. 我的领导在做出重要的决策时会尽力促成下属达成共识	1	2	3	4	5
A5. 我的领导对于下属工作场所之外的责任比较敏感	1	2	3	4	5
A6. 我的领导认为下属的个人发展比较重要	1	2	3	4	5
A7. 我的领导要求下属应具有较高的道德标准	1	2	3	4	5
A8. 我的领导信守承诺，说到做到	1	2	3	4	5
A9. 我的领导能够平衡好日常事务与长远发展	1	2	3	4	5
A10. 我的领导学识广博，对于解决难题感兴趣	1	2	3	4	5
A11. 我的领导让我感觉到我们是一同工作，而不是为他/她个人而工作	1	2	3	4	5
A12. 我的领导会努力帮助下属提升自己	1	2	3	4	5
A13. 我的领导鼓励下属参加工作之外的社区服务或志愿活动	1	2	3	4	5
A14. 我的领导强调回馈社会的重要性	1	2	3	4	5
B1. 我们领导经常会向团队成员嘘寒问暖	1	2	3	4	5
B2. 我们领导对团队成员的照顾会扩及到其家人	1	2	3	4	5
B3. 团队成员生活上有困难时，我们领导会及时伸出援手	1	2	3	4	5
B4. 当团队成员工作业绩不佳时，我们领导会去了解真正的原因何在	1	2	3	4	5
B5. 当团队成员工作出纰漏时，我们领导会给其改正的机会	1	2	3	4	5
B6. 我们领导不会当着同事的面给人难堪	1	2	3	4	5

题项	完全 不符合	比较 不符合	说不准	比较 符合	完全 符合
B7. 当工作出问题时，我们领导不会把责任推得一干二净	1	2	3	4	5
B8. 我们领导不会因个人的利益去拉关系、走后门	1	2	3	4	5
B9. 我们领导为人正派，不会假公济私	1	2	3	4	5
B10. 我们领导是我们为人做事的好榜样	1	2	3	4	5
B11. 我们领导要求团队成员完全服从他/她的领导	1	2	3	4	5
B12. 如果有团队成员当众反对我们领导的意见时，会遭到他/她的冷言讽刺	1	2	3	4	5
B13. 本团队大小事情都由领导自己单独决定	1	2	3	4	5
B14. 开会时，都按领导的意见做最后的决定	1	2	3	4	5
B15. 我们领导从不把他/她的真实想法透露给团队成员	1	2	3	4	5
B16. 与我们领导一起工作时，团队成员感到他/她带给大家很大的压力	1	2	3	4	5
B17. 当任务无法达成时，我们领导会斥责团队成员	1	2	3	4	5
B18. 我们领导遵照原则办事，严厉处罚违反规定的行为	1	2	3	4	5

第二部分　下面是关于个人动机的一些描述，请您根据实际情况在相应的数字上划"√"。

题项	非常 不同意	不 同意	不好 确定	同意	非常 同意
1. 有意义的公益活动对我很重要	1	2	3	4	5
2. 对我而言，为社会公益做贡献很重要	1	2	3	4	5

续表

题项	非常不同意	不同意	不好确定	同意	非常同意
3. 我认为，公民机会均等很重要	1	2	3	4	5
4. 公务员的行为一定要符合伦理规则	1	2	3	4	5
5. 当看到他人遇到困难时，我会很难受	1	2	3	4	5
6. 当看到他人遭到不公正对待时，我会很气愤	1	2	3	4	5
7. 他人是否幸福很重要	1	2	3	4	5
8. 我认为应该将公民义务放在个人利益之上	1	2	3	4	5

第三部分 下面是关于组织对待差错的一些描述，请您根据实际情况在相应的数字上划"√"。

题项	完全不符合	比较不符合	说不准	比较符合	完全符合
1. 差错能有效地改进工作流程	1	2	3	4	5
2. 差错发生后，我们会想方设法地修正	1	2	3	4	5
3. 差错发生后，我们会仔细地分析差错	1	2	3	4	5
4. 工作如果发生异样，我们会花时间仔细思考	1	2	3	4	5
5. 差错发生后，我们会尽力去分析原因	1	2	3	4	5
6. 在组织中，我们会深入思考如何避免差错	1	2	3	4	5
7. 差错对于后续工作的开展提供了重要的信息	1	2	3	4	5
8. 差错向我们指出了工作的改进方向	1	2	3	4	5
9. 承担一项工作时，我们能从差错中受益良多	1	2	3	4	5
10. 差错发生后，我们通常知道如何修正	1	2	3	4	5

续表

题项	完全 不符合	比较 不符合	说不准	比较 符合	完全 符合
11. 差错发生后，我们会立刻进行纠正	1	2	3	4	5
12. 即使犯了错误，我们也不会放弃最终的目标	1	2	3	4	5
13. 当不能纠正自己的错误时，我们会向同事求助	1	2	3	4	5
14. 因为差错而导致工作无法进行时，我们可以依靠他人	1	2	3	4	5
15. 犯错时，我们能向其他人征求如何继续工作的意见	1	2	3	4	5
16. 犯错时，我们会与他人分享经验，从而避免他人犯同样的错误	1	2	3	4	5
17. 在组织中，我们会深入思考如何避免差错	1	2	3	4	5

第四部分　下面是关于您对工作认识的一些描述，请您根据实际情况在相应的数字上划"√"。

题项	完全 不符合	比较 不符合	说不准	比较 符合	完全 符合
1. 我所做的工作对我来说非常有意义	1	2	3	4	5
2. 工作上所作的事对我个人来说非常有意义	1	2	3	4	5
3. 我的工作对我来说非常重要	1	2	3	4	5
4. 我自己可以决定如何着手来做我的工作	1	2	3	4	5
5. 在如何完成工作上，我有很大的独立性和自主权	1	2	3	4	5
6. 在决定如何完成我的工作上，我有很大的自主权	1	2	3	4	5
7. 我掌握了完成工作所需要的各项技能	1	2	3	4	5

续表

题项	完全 不符合	比较 不符合	说不准	比较 符合	完全 符合
8. 我自信自己有干好工作上的各项事情的能力	1	2	3	4	5
9. 我对自己完成工作的能力非常有信心	1	2	3	4	5
10. 我对发生在本部门的事情的影响很大	1	2	3	4	5
11. 我对发生在本部门的事情起着很大的控制作用	1	2	3	4	5
12. 我对发生在本部门的事情有重大的影响	1	2	3	4	5

　　第五部分　下面是关于部门文化的一些描述，请根据实际情况在相应的数字上划"√"。

题项	完全 不符合	比较 不符合	说不准	比较 符合	完全 符合
1. 我所在的部门充满活力与创新精神，人们敢于冒险和承担风险	1	2	3	4	5
2. 因为对创新、发展与卓越的追求，我所在的部门团结一致	1	2	3	4	5
3. 我所在的部门重视发展与获取新的资源，强调准备好迎接新的挑战	1	2	3	4	5

　　第六部分　下面是关于员工创新行为的一些描述，请您根据实际情况在相应的数字上划"√"。

题项	完全 不符合	比较 不符合	说不准	比较 符合	完全 符合
1. 遇到工作难题时我能提出新的想法	1	2	3	4	5
2. 我会探索新的工作方法、技术或工具	1	2	3	4	5

续表

题项	完全 不符合	比较 不符合	说不准	比较 符合	完全 符合
3. 遇到问题时，我会想到独特的解决方案	1	2	3	4	5
4. 我会寻找他人的支持以推广想法	1	2	3	4	5
5. 我的创新的想法会得到上级的认可	1	2	3	4	5
6. 我会鼓励重要的组织成员热衷于创新	1	2	3	4	5
7. 我会将创新的想法付诸于实践	1	2	3	4	5
8. 我会在组织中系统地阐述创新的想法	1	2	3	4	5
9. 我会评价创新想法的实用性	1	2	3	4	5

第七部分　下面是您的一些基本情况，请根据实际情况在相应的数字上划"√"或在横线上填写相关信息。

1. 您的性别：

①男　　　　　　　　　　②女

2. 您的年龄：

①30 岁及以下　　　　　　②31—40 岁

③41—50 岁　　　　　　　④51 岁及以上

3. 您所在的省份（直辖市）是：＿＿＿＿＿＿＿

4. 您的工作年限：

①5 年及以下　　　　　　②6—10 年

③11—20 年　　　　　　　④21—30 年

⑤31 年及以上

5. 您的学历学位：

①高中/中专及以下　　　　②大专

③本科　　　　　　　　　④硕士

⑤博士

6. 您的行政级别：

①办事员 　　　　　　　　　②科员

③副科级 　　　　　　　　　④正科级

⑤副处级 　　　　　　　　　⑥处级

⑦处级以上

问卷到此结束！衷心感谢您的参与！敬祝您工作愉快，生活幸福！

后　记

　　创新是一个民族进步的灵魂，是一个国家兴旺发达的不竭源泉，也是中华民族最鲜明的民族禀赋。公务员是社会主义事业的中坚力量，是人民的公仆。面对波诡云谲的国际国内形势，公务员队伍所面临事务的不确定性和复杂性日益增强。在新的时代背景下，如何充分调动公务员队伍的创新争先意识，如何激发公务员队伍敢于创新、勇于作为，这一话题引起了我的关注，并成为了我的博士论文选题，这也构成了本书的初稿。2019年6月，我从中国人民大学公共管理学院毕业，并于同年7月入职西北大学公共管理学院。在学院领导和同事们的鼓励下，决定对博士论文进行修改完善出版。

　　本书的顺利出版，离不开师友的鼓励和支持。首先要感谢我的博士生导师方振邦教授，"终身学习，追求卓越"，在人大求学的6年时间里，小到一字一句，大到谋篇布局，老师字斟句酌、精益求精的治学精神让我明白科学研究是一件一丝不苟的大事，来不得半点马虎。"无论晴雨，终身向阳"，老师秉持的这种积极向上的生活态度激励着我踏实学习、迎接挑战。生活并非总是一帆风顺的，感谢老师的关怀与帮助，让我能够更加自信地面对前路。其次，感谢组织与人力资源研究所的吴春波老师、刘昕老师、李超平老师、刘颖老师、胡威老师和包元杰老师。老师们学识渊博、倾囊相授，让我在人力所的 6 年学习生涯中，了解了公共组织与人力资源管理领域的专业知识，把握了学科发展的国际视点和前沿动态，为继续从事科学研究打下了坚实的基础。

在本书初稿的写作过程中，感谢中国人民大学公共管理学院的吴春波教授、刘昕教授、李超平教授、马亮教授、张璋教授，以及北京师范大学的于海波教授、王建民教授、中国劳动关系学院的胡晓东教授等提出的宝贵意见，这为本书后续的修改和完善提供了许多有价值的参考。同时，还要感谢徐相锋师兄、邬定国师兄、黄玉玲师兄和刘庆师兄等同门在数据收集时的鼎力相助，感谢王建峰、王玉珏、李怡达、刘文、张腾等同窗在求学期间的陪伴支持。

感谢中国社会科学出版社孔继萍老师的辛勤工作，使本书得以顺利出版。本书在撰写过程中，参考了诸多专家学者的意见，在此一并致谢。

感谢我的家人，正是家人们的理解和支持，免除了我的后顾之忧，让我能够专心写作。本书的出版，是对我博士生涯的阶段性总结，也希望能够献给他们。

最后，由于时间和能力所限，书中纰漏和不足在所难免，恳请各位同仁、读者批评指正。

唐　健

2022 年 8 月于西北大学公共管理学院